Comida é Memória

23 histórias de cozinha para
aquecer o coração

Jane M.G. Lutti

Comida é Memória

23 histórias de cozinha para *aquecer o coração*

Copyright © 2023 de Jane M. G. Lutti
Todos os direitos desta edição reservados à Editora Labrador.

Coordenação editorial
Pamela Oliveira

Assistência editorial
Leticia Oliveira

Preparação e Revisão
Lívia Lisbôa
Natalia Nasser

Projeto gráfico e diagramação
Natalia Nasser
Lucas Matos
Amanda Chagas

Capa
Amanda Chagas

Fotografia
Gustavo Dainezi Angelo

Ilustração da capa
Camilla Mazzoni

Ilustrações
Camilla Mazzoni;
Katherine @kathysojuhouse - Ilustração da fachada da Viva Bakery;
Releitura de Brownies de Palmer Cox por Camilla Mazzoni

Dados Internacionais de Catalogação na Publicação (CIP)
Jéssica de Oliveira Molinari — CRB-8/9852

Lutti, Jane M. G.
    Comida é memória : 23 histórias de cozinha para aquecer o coração / Jane M. G. Lutti ; ilustrações de Camilla Mazzoni. -— São Paulo : Labrador, 2023.
    160 p. : il., color.

ISBN 978-65-5625-305-3

1. Gastronomia 2. Culinária 3. Memórias 4. Afeto (Psicologia) I. Título II. Mazzoni, Camila

23-0582   CDD 641.5

Índice para catálogo sistemático:
1. Gastronomia

Editora Labrador
Diretor editorial: Daniel Pinsky
Rua Dr. José Elias, 520 — Alto da Lapa
05083-030 — São Paulo/SP
+55 (11) 3641-7446
contato@editoralabrador.com.br
www.editoralabrador.com.br
facebook.com/editoralabrador
instagram.com/editoralabrador

A reprodução de qualquer parte desta obra é ilegal e configura uma apropriação indevida dos direitos intelectuais e patrimoniais da autora.

A Editora não é responsável pelo conteúdo deste livro. A autora conhece os fatos narrados, pelos quais é responsável, assim como se responsabiliza pelos juízos emitidos.

Para São Jorge,

sempre à frente de todos os meus caminhos

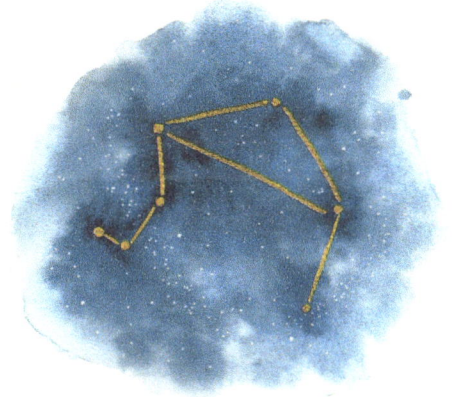

Para Michele,

que, no dia 22 de agosto de 2020, dia de Ganesha Chaturti, apagou as panelas da Terra para cozinhar nas estrelas…

A todos

que se dispõem a dividir a mesa e o pão de cada dia.

A todos que vibraram, torceram e colaboraram para que essa obra, tão pessoal e singela, pudesse se materializar.

A todos que escrevem e se nutrem de palavras e receitas para seguir a vida.

Agradecimentos

Thiago Lutti

Obrigada por ser o primeiro ouvinte das histórias e me incentivar a escrever quando eu mesma não encontrava as palavras para nenhum texto. Serei sempre grata por ter segurado minhas mãos neste processo.

Kátia Camargo

A pitadinha editorial que faltava na minha panela de textos. Obrigada por incentivar esse projeto e por cada história que dividi honrosamente para compor suas matérias. Você é mais parte desse livro do que imagina.

Juliana Dias

Mestra e inspiração para empreender no lavoro das letras temperadas. Sem você a expressão **Comida é Memória** jamais chegaria a mim e a Cozinha Afetiva não se tornaria meu mais profundo foco de dedicação.

Nathalia Nasser

A primeira que leu o livro todo. Os revisores são a primeira — e mais difícil — plateia do autor. Eu não confiaria esses textos tão pessoais a outra pessoa. Para sempre serei grata pelo amor que dedicou a estas páginas.

Família

Sem vocês as primeiras histórias não seriam possíveis. Obrigada por compartilharem comigo seus fogões, potes de tempero, talheres, comida, vida... O alimento espiritual mais importante de minha jornada é vocês.

NOTA IMPORTANTE

Todas as histórias sobre receitas deste livro são pessoais e podem — e devem — ser adaptadas conforme suas cozinhas, gostos e tradições de cada família. As pesquisas aqui citadas sobre história dos alimentos, ingredientes, geografia, informações nutricionais e afins, embora checadas em fontes confiáveis, são de caráter ilustrativo e não têm a intenção de instaurar valor histórico, médico ou nutricional decisivo ao que foi mencionado e não devem ser consideradas fontes definitivas sobre o assunto. Foram inseridas como forma de introduzir o leitor à matéria e nortear os que se sintam inspirados a aprofundar seus conhecimentos históricos.

Consulte sempre o seu nutricionista de confiança para adequar a melhor dieta à sua história afetiva e histórico médico.

Comer é Recordar

Que bom que você foi tocado pelo título desse livro. Comida é memória. Sinal de que, aí dentro, uma receitinha escondida no coração nutre as melhores lembranças de um período ou momento de sua vida. Sinal de que se lembra com amor e pertencimento de algo que lhe preencheu mais do que o estômago em algum momento.

A cozinha é o lugar onde filosofo. É meu jeito de ver a vida, minha lente que põe setores como cultura, sociedade, crises, psicologia, economia, clima, relacionamento, saúde, vida, ética em perspectiva. Cozinhar é minha meditação enquanto dialogo com os alimentos e entendo a cadeia produtiva, que começa pela terra boa, passa pelas mãos do sábio agricultor, chega ao comerciante, vem para o meu carrinho de compras, se processa, se transforma, recebe minha interferência na cozinha e vira um prato que alegra, nutre e pelo qual sempre manifesto gratidão.

Estamos longe do fogão hoje em dia e isso impacta sim nosso ser social. Ficar longe do fogo nos distancia da metáfora de purificar e transformar a psique e o espírito enquanto transformamos e purificamos alimentos que irão nutrir o físico. Sem a paciência de cozer, a ritualística do fogo aceso, a mente concentrada na receita e o foco no resultado que ia além do ponto do prato, sentimos o impacto negativo na qualidade do que comemos, de escolhas menos saudáveis, de nosso desrespeito com a cadeia produtiva ou com quem cozinha.

Entender todo esse processo é ser mais compassivo, empático e seletivo. Quando entendemos o trabalho que dá — para produzir e cozinhar — respeitamos e reverenciamos essas escolhas.

Costumo fazer as refeições fora de casa e sempre faço questão de agradecer adequadamente aos cozinheiros, entregadores e atendentes pelas refeições encomendadas.

Aliás, costumo inclusive mandar e-mails para agradecer o trabalho quando a comida surpreende. Sei que é um jeitinho de temperar o dia do profissional que encara as panelas de restaurantes lotados, que dá conta da demanda, mas que muitas vezes está cozinhando sem vontade, sem feedbacks, desmotivado por algum outro motivo. Quem trabalha com comida deve saber que é um grande curandeiro e que sua energia e vibração passam sim para o alimento.

Não tenho pretensão nenhuma de fazer desse livro um cookbook pomposo ou um guia definitivo para identificar a cozinha afetiva de suas vidas. Mas de acolher — como uma boa xícara de chá de camomila no inverno — as boas histórias de forno e fogão que você deve ter aí dentro para me contar.

Este livro é um relato absolutamente pessoal de meus momentos na cozinha, de momentos em que dividi a mesa com pessoas que passaram por minha vida, de reflexões que tive enquanto queimava muitas receitas de caramelo salgado, acertava deliciosamente meus brigadeiros de pimenta ou me lembrava da culinária carregada de especiarias do meu pai (e que definitivamente não era minha favorita quando pequena).

São minhas histórias que espero que, do fundo do coração, lhe motivem a voltar para a cozinha e preparar algo para você ou para quem ama.

Jane M. G. Lutti
Campinas,
2 de abril de 2023

# Sumário

19
Sopa de legumes da Nan
Uma sopa que cura, cujos temperos são amor e cuidado

24
Queijadinha da Aninha
Para inspirar suas histórias de amor

30
Bolo Red Velvet
Amizade que começa dividindo buttercream só pode dar certo

35
Torta da Vó Vana e da Flávia
A Torta Capixaba de Minas

41
Estrogonofe do 3º B – PAN
Sabor Cachorro--Quente

49
Rocambole da Rê
O doce que motivou a escrita açucarada de minha vida

53
Viva Bakery
A alegria de ter um lugar chamado Viva Bakery pertinho de mim

58
Pingo de Leite Avaré
O melhor pingo de doce de leite do mundo

62
Sanduíche de linguiça e tomates do Seu João
Minha memória cheia de especiarias e vontade de mais prosas

66
Doce de figo turco da Bisa Justina
Uma verdadeira joia culinária

70
Caramelo salgado da Jay
Meu doce favorito nesta vida

73
Brigadeiro gigante de doce de leite da Jay
Just for BFFs

76
Mostarda di Cremona da Mamel
Vibrante, colorida e marcante como ela

81
Gazpacho da Cláudia
Chique e sem frescura

85
Não deixe a canja morrer
O prato que restabelece corpo e alma

89
Brownie da Sathya
Brownie Brasil Canadá

94
Frango doce da Cecília
A receita de alguém que mal cozinha

99
Bourguignon da Mi
Cogumelos Bourguignon, para se sentir na França

103
Feijoada da Jay
Em devoção a São Jorge, a melhor feijuca

107
Bolinho de quiabo
A memória afetiva mais antiga

111
Escondidinho da Jay e do Thiago
Empório São Jorge, seu menu e convidados imaginários ilustres

115
Bolo de banana da Néia
Um bolo para chamar de "presente de irmão"

119
Risoto PAN
Arroz com molho e frango para voltar aos tempos do recreio

123
Receitas

155
Referências Bibliográficas

Muitas vezes é difícil dizer "eu te amo"

OFERECER UMA BEBIDA QUENTE É UM BOM JEITO DE COMEÇAR

JANE LUTTI

Sopa de legumes da Nan

UMA SOPA QUE CURA, CUJOS TEMPEROS SÃO AMOR E CUIDADO

Nunca subestimem o poder de uma sopa.

Uma sopa. Pode ser uma canja, um caldo, um macarrão com feijão… Mas nunca, em momento algum de sua vida, subestime o poder curativo de um bom prato de sopa feito com amor a você em um momento difícil de sua vida ou naquele momento em que uma simples gripe lhe acomete.

Acredito piamente no poder da energia curativa das plantas, da terra, dos alimentos.

E isso não somente engloba seus componentes nutritivos ou vitaminas, mas sua capacidade incrível de armazenar ainda informações energéticas do meio, que de alguma forma se condensam ali naquele alimento. **E de algum modo, essas energias entram** em sinergia com a energia de quem colhe, manuseia, transporta e prepara esse alimento. Se uma só pessoa resolve reverenciar e honrar essa cadeia, a energia se transforma, transmuta e potencializa as propriedades nutritivas e curativas daquela comida.**

Sei que muita gente nesse momento deve estar revirando os olhos. Se você chegou até aqui e sentiu isso, eu lhe peço: insista um pouco mais nesse texto. Garanto que vai lhe dar água na boca por um bom prato de caldo e encher seu coração de carinho.

A comida é afeto. E, assim como todo afeto, cura. Quem nunca se sentiu curado depois daquela canja da vó ou da mãe, ao atravessar uma gripe ou gastrite que não passava de jeito nenhum? A sopinha cura porque passa pelas mãos e preparo de quem lhe quer bem.

Em fevereiro de 2019 eu estava em uma das piores fases de minha vida. No final de novembro de 2018, bem em meio a férias na Itália, no berço da gastronomia no mundo, fui acometida por uma crise aguda de pânico, ansiedade e leve depressão. **Ali, perdi o apetite, pela comida, pela vida. O medo era maior que qualquer fome.** Voltei ao Brasil e buscava dia a dia retomar o amor pelo alimento; agradecia, nutria-me de amor, de cuidados, yoga e medicamentos, tudo para atravessar essa fase sombria que me acometeu naquele período.

Minha irmã Nanci me mandava mensagens todos os dias desde que soube de minha condição e, do seu modo, me enviava as melhores vibrações, velas acesas no açúcar para meu anjo da guarda (coisas de nossa família) e amorosos "eu te amo e estarei sempre contigo" via WhatsApp que **nutriam meu coração e alma dessa vitamina que a tudo cura chamada amor. A Nan é enfermeira. Das boas.** Sabe como ninguém — repito, ninguém — a arte do cuidado,

do dedicar-se a outro com entrega e respeito, sem esperar nada em troca. A ela agradeço noites de plantões e esforços tremendos para minha criação. Cuidar é o modo dela de amar os outros.

Às vésperas do Carnaval, preocupada com um dos meus momentos de angústia, mandou-me uma mensagem no meio da semana dizendo que viria me ver e fazer uma sopa de legumes, sua especialidade, para que eu ficasse boa logo.

Bem, há de se esperar que qualquer pessoa em sã consciência vivendo no Brasil já negaria de pronto essa opção de menu. Afinal, em pleno verão, uma sopa de legumes? Porém, para quem abre o coração para perceber as pitadas extras de tempero da vida, isso é convite para acender o fogo do acolhimento fraterno e engrossar os laços do espírito humano.

Em pleno verão, minha irmã dirigiu 275 km de Avaré a Campinas com minha sobrinha Maísa, em seu carro até então sem ar-condicionado, com uma lista de supermercado na bolsa e muita disposição para me fazer a sua sopa de legumes.

No mesmo fim de semana, sua filha mais velha, Ingrid, também veio de Londrina a Campinas para um curso no fim de semana e, gripada, também veio de algum modo buscar a sopinha curativa que minha irmã carinhosa e demoradamente preparou para nós no calor de trinta graus daquele dia.

Para nós, não interessou a temperatura do dia. Não era uma sopa. Era um jeito de cuidar. O melhor deles. Oferecer um alimento quente a quem tem fome — de amor, de cura, de atenção ou para saciar a fome bruta e real a quem nada tem — é um gesto de entrega, de empatia, de colocar-se no lugar do outro e entender o que lhe falta naquele momento. É ser compassivo com um pouco mais de açúcar. Neste caso, com um pouco mais de curry.

> **Durante o preparo se põem gotas de orações, de votos para que a pessoa que provar aquela comidinha se cure, se sinta tratada, cuidada, nutrida.**

O cuidado no preparo é outro. Há mais atenção à panela, há um jeitinho diferente de cortar o pão que vai junto com o pratinho de sopa. Naquela noite quente de verão, todos, incluindo meu marido, tomamos a sopa quente de batatinha, mandioquinha, macarrão cabelinho de anjo, cenoura, vagem e curry. E todos nos sentimos acolhidos. Tanto em mim quanto em Ingrid, notei que Nanci prestou mais atenção enquanto tomávamos nossas primeiras colheradas. Era um jeito de ter certeza de tomarmos o remédio.

Era a garantia de que o amor curativo que havia colocado na sopa de legumes chegava até nós. A mim, daria a esperança de dias mais temperados ao atravessar o momento. À Ingrid, um pouco mais de carinho no cuidado de uma gripe para matar a saudade que a distância da faculdade causava à mãe e filha. Acima de tudo, naquele prato de sopa de legumes encontramos presença. E nada na vida é tão importante quanto a presença de quem você ama e ama você. **Talvez a arrogância da juventude ou a amargura da idade avançada ainda não lhe tenham aberto os olhos para isso. Mas não se enganem, meus queridos.**

Quando alguém lhes oferecer algo quente, confortante, não importando a distância ou estação do ano, é sinal de que ela sente aí dentro o machucadinho que te atormenta. Aceite. Não é só uma sopa. Não é só um chá, um café...

É um jeito de amar você quando você nem sabe que precisa ou não tem coragem de pedir.

Queijadinha da Aninha

PARA INSPIRAR SUAS HISTÓRIAS DE AMOR

Posso estar sendo dramática, mas se a gente não for para a cozinha praticar amiúde receitas de família, a tendência é que elas desapareçam e privem as novas gerações de conhecerem sabores tão simples e acolhedores como um bom bolo de fim de tarde assado em casa.

E se tem uma receita que eu não quero que desapareça do mundo é a queijadinha da minha irmã Ana Lúcia. Aliás, queijadinha da minha tia Maria, passada gentilmente e carinhosamente para minha irmã, a replicadora oficial dessa receita tão maravilhosa em nossa família.

Digo sempre que cada receita parece ter um dono. Não estou falando da obviedade de quem a cria. Estou falando de quem a reproduz. E a reproduz com uma assinatura

energética tão forte que, mesmo seguindo à risca a receita, sutilezas de sabor ficam evidentes quando feitas por pessoas diferentes. É a mão do cozinheiro, como dizem. Eu digo que é o coração mesmo. Aquele não-sei-quê de diferente é a alma de alguém impressa no prato. Alma é o que torna o café da sua avó diferente do café da minha irmã, mas igualmente curativos, acolhedores e prazerosos.

A queijadinha da minha tia não poderia ter parado em melhores mãos. Minha irmã Aninha — como a chamamos em casa — é uma exímia cozinheira e entende como ninguém a laboriosa função junto ao fogão e toda magia que vem com ela.

Se é comida de mãe que você tem vontade de provar, recomendo um almoço de sábado em sua casa: arroz e feijão frescos e bem temperados, à mesa, junto com fatias fininhas de couve refogadas e carne de panela. E uma tubaína local geladinha para acompanhar a refeição, coisa da nossa região e que ela nunca deixa de fora da mesa (mesmo sob nossos protestos de que o refri doce faz mal).

De toda a família, ouso dizer que é a casa onde o fogo da cozinha nunca se apaga; há sempre ali a quentura de um café recém passado, de um bolo saído do forno, de uma comidinha requentada, de um leite fervido...

A história com a queijadinha começa lá em meados de 1998 ou 1999. É quando ela entra oficialmente para o livro de receitas da Aninha e o que a torna tão especial é que é a receita do começo de namoro entre ela e meu cunhado Alexandre.

Em uma de suas visitas ao sítio de minha tia Maria, minha irmã e meu cunhado provaram o que no dia foi chamado de "bolo" e que estava tão cheiroso que não conseguiram esperar a assadeira esfriar.

Comeram ali, acompanhado de café doce, o bolo quente, cuja mistura foi toda batida num liquidificador, de um jeito tão fácil que parecia ser simples ser replicado. Meu cunhado gostou tanto do "bolo", que minha irmã, depois, repetidas vezes fez suas versões da receita, mas o resultado não chegava nem perto do bolo da tia.

Aninha não teve dúvidas: abasteceu num sábado cedo o tanque do Fusca 79 e percorreu cem quilômetros até a casa de minha tia só para buscar a receita certa. Só quem tem o calor da cozinha no coração entende o que é fazer isso. Na época, nem telefone fixo (muito menos um celular como vemos hoje) e tampouco internet existiam, para pedir os ingredientes e modo de preparo. Durante o percurso, um diálogo de amor consigo mesma, passando por trechos de terra e muito verde, em busca daquela joia culinária.

Ao chegar, minha tia lhe ofertou as páginas amarelas de um caderno recheado de outras receitas. E ali, no silêncio do sítio, na cozinha de porta aberta e cheiro de terra batida trazido vez ou outra pela brisa, Aninha copiou a receita numa folhinha em branco oferecida por minha tia Maria. Descreveu-me a cena como um momento de conexão e fortalecimento; um compartilhamento de saberes tão simples entre duas mulheres. Naquele momento, a receita ganhava um pouco mais de tempo de vida. Era como nascer de novo, em um novo caderno, à espera de ser replicada para outras mesas e arrancar outros sorrisos e suspiros.

    Ao chegar em casa fez então a receita "certa" e só então o "bolo" foi devidamente creditado como Queijadinha. Meu cunhado provou um pedaço e sua expressão feliz revelou o que todo cozinheiro capta antes mesmo do degustador proferir uma única palavra de crítica.

    Aquele era o sabor do qual ele se lembrava do "bolo" da tia. E minha irmã, talentosa que só ela na cozinha, conseguiu não só reproduzir o sabor como imprimir sua própria assinatura na Queijadinha. Creio que ali, naquele momento, Alexandre tenha sido de vez conquistado pelo estômago.

    Vejo amor e um ato de entrega quando ela se joga nas panelas para cozinhar para a família, seja para os filhos, para o marido ou para nós, que nunca a deixamos quieta quando a vemos. "Ni, faz café? Ni, como você temperou o feijão? Ni, tem comida na sua casa?, Ni, faz queijadinha?". E ela faz. Ainda que se dedicar ao forno e fogão seja tão pouco valorizado num momento em que não nos faltam opções para comer fora de casa, vejo o quanto ela se esforça por manter essa tradição, ainda que não precise.

Ela não precisaria cozinhar, afinal, a vida profissional também lhe consome esforço e energia. Antigamente, comer fora de casa era coisa dispendiosa e, numa cidade do interior, com hábitos regrados de alimentação, almoçar fora nunca foi visto com bons olhos.

Lembro-me da desconfiança dos mais velhos que diziam que a comida caseira era muito melhor que a de qualquer restaurante, esta que além de sem personalidade, era ainda bastante cara e sobre a qual não se sabia a procedência.

Para nossa sorte, o conceito de comida caseira se expandiu e não são raros os restaurantes com saborosas comidinhas a preços justos, por aí. Muito mais fácil, saboroso e tranquilo fazer a maioria das refeições fora de casa para evitar o trabalho.

Mas nunca vi minha irmã relegar o trabalho da cozinha, mesmo com as atividades profissionais lhe requerendo atenção full time também.

> **Creio que seja um modo de ela dizer que aconteça o que acontecer lá fora, mesmo com a correria do dia a dia, o fogo aceso dissipa as preocupações e uma boa refeição feita em casa pela mão de quem te ama traz ânimo para a jornada do dia seguinte. Ali, enquanto houver um fogão aceso, haverá vida e amor.**

Meus dois sobrinhos, Lorenzo e Vincenzo, crescem — ainda que não se deem conta disso — beneficiários desse tesouro. Desde que nasceram recebem orações materializadas em pão, colheradas de amor para adoçar os copos de leite quente na madrugada, pedidos silenciosos de proteção e saúde que temperam as refeições de cada dia.

Aninha me inspira a voltar para a cozinha sempre que percebo meu fogão triste e apagado por muito tempo. Ao lembrar-me de sua energia explosiva, seu falar alto, seu amor enérgico, sua caricata figura materna a chamar a atenção dos meninos, sorrio.

E assim inspiro-me a acender o meu fogão e arriscar eu mesma a receita da Queijadinha, que um dia também nasceu em meu caderno.

Bolo Red Velvet

AMIZADE QUE COMEÇA DIVIDINDO BUTTERCREAM SÓ PODE DAR CERTO

Em 2013 fiz minha primeira viagem para Londres. Propus-me a estudar e ainda não sabia muito bem o motivo de ter escolhido a Inglaterra como lugar para passar um período de distração e pesquisa (na época eu nem sabia bem do quê). Mas logo ao desembarcar em Heathrow me senti em casa sem nunca antes ter botado os pés lá.

Uma avalanche de todas as minhas referências culinárias, culturais e pops estavam ali guardadinhas e bem presentes em meu inconsciente. Olhar para tudo era rever, redescobrir e sentir novamente tudo que eu já sabia sobre a Inglaterra.

Não há como não se apaixonar pela Inglaterra. De tudo que eu tinha como referência, lá estava a cultura britânica. De Beatles a Gordon Ramsay. De Rolling Stones a fish and chips, de Shakespeare a mulled wine, de Huck Finn a biscoitos de gengibre, de George Orwell ao chá. De Harry Potter à maravilhosa butterbeer. Enfim, da Rainha Elizabeth ao pie and mash.

> **Cheguei em Londres e tinha fome. Fome de conhecer gente, de andar pelas ruas, de estudar, de ouvir música de rua. Queria me nutrir de tudo que não caberia na mala, mas que levaria na alma. Queria voltar com quilos a mais nas memórias.**

E foi lá, entre tantas atividades, aulas, pessoas do mundo todo, que conheci um dos meus presentes dessa viagem. Uma irmãzinha que se mostrou a maior parceira de comida em viagens — depois do meu marido — que posso ter na vida. A Camilla.

Camilla tinha dezenove anos na época. Quinze anos de diferença entre nós. Mais nova que meu sobrinho mais velho. Quando cheguei, ela estava em Londres já há três meses e conhecia bem a cidade. Estava lá pelo mesmo programa de intercâmbio que eu e nos encontramos no mesmo prédio de apartamentos.

Cara emburrada, fechada, blasé, típica de todo jovem da sua idade. E com fome. Sempre com fome. Me apaixonei na hora. Camilla foi me levando, sem saber, a tudo que eu mais queria conhecer e levar da Inglaterra. Desde que nos conectamos, todo santo dia havia pelo menos três refeições, três dicas, três receitas para me fazer provar.

Em Nothing Hill, fez questão que eu provasse o Red Velvet e o Black Bottom da famosa The Hummingbird Bakery, me enfiou em todas as padarias e restaurantes de Jamie Oliver que conhecia, caçou chocolates e macarons comigo pelas ruas de Covent Garden, me levou para provar a pasta magnífica do Carluccio's em South Kensington, tomamos butterbeer até enjoar nos estúdios da Warner Bros e tomamos chás elegantes na livraria dedicada a Lewis Carrol em Oxford.

Camilla me guiou pelo estômago com o entusiasmo de uma criança. No roteiro não tinha nenhum restaurante premiado, nenhum restaurante secreto com convite vip pra entrar.

Era comida, pura e simplesmente o que se via na rua, cafés e chocolates vendidos em lambretas, tortinhas de massa podre nas vitrines que nos repunham a energia das caminhadas por Londres. Aquele serzinho mineiro, de cabelos longos e sotaque arrastado me levou ao lugar para onde eu jamais iria se não tivesse sua consultoria faminta: o Borough Market.

E lá provei o melhor fish and chips da vida. Quando eu disse que gostaria obviamente de comer o famoso peixe frito empanado com as batatinhas fritas, Camilla não pensou duas vezes em dizer com toda firmeza: "não peça neste restaurante, vou te levar ao Borough Market!". E lá foi nossa Disneylândia. Imagine barracas de comidas de todos os lugares da Europa — de chocolates suíços a azeitonas gregas do tamanho de um pêssego, mergulhadas em azeite.

Trufas, queijos, charcutaria, fudges, cafés, chás... Um mercadão com frutas, peixes, muito barulho e a aura mais antiga de Londres, que envolve os peregrinos da gastronomia que aportam por lá.

Naquela viagem, Camilla foi mais que uma companhia e uma guia gastronômica. Foi a mão e o empurrão de que eu precisava para perder o medo de me virar, me comunicar e me sentir um pouco mais livre da agendinha cheia de medos que a gente mantém na vida sem se dar conta. Com suas escolhas corajosas aos sushis de bandeja por exemplo — que eu morria de medo de escolher, aliás —, ela me ajudou a resgatar a coragem dos vinte e poucos que mora na alma da gente e que adormece quando a vida adulta nos chama à prudência.

Olhar as coisas pelos olhos dela me lembrou de como era ser destemida em sua idade e isso foi um tempero feliz dessa amizade. De todas as idas a restaurantes, mercados, cafeterias, loja de bolos, chocolaterias, feiras e fast foods da vida, o Red Velvet é a comida da qual falamos toda santa vez que nos encontramos.

Desde que voltamos, já provamos dezenas de outras receitas, de outros chefs tão maravilhosos e talentosos quanto os das boleiras em Londres. **Mas aquele fica na memória por ser o subtexto de uma aventura de duas amigas que se usaram de espelho para seguirem a viagem longe de casa.** Uma se viu mais jovem, a outra se viu mais velha. E entre doces, lanches, fogs, garoas, guarda-chuvas e trens, muitas conversas sobre a vida e o universo foram boa parte de nossos dias por lá.

A mala voltou cheia de coisas e histórias, mais uma amiga nova e uma receita tão doce quanto se mantém nossa amizade. Ao chegar ao Brasil e em nossa convivência após a jornada britânica, ganhei ainda uma família mineira de primeira grandeza, com direito a pai, mãe, avô, avó, cachorros e uma receita de torta capixaba que eu nunca mais vou esquecer na vida — e sobre a qual contarei mais no capítulo seguinte.

Torta da Vó Vana e da Flávia

A TORTA CAPIXABA DE MINAS

Ganhar um amigo com a família toda é um presente e tanto. Eu que tenho família grande sei o quanto minhas irmãs gostam de agregar/adotar quem quer que chegue em casa empunhando a bandeira da amizade. Essas deliciosas surpresas chegam com risadas, apoios que muitas vezes nem esperamos e encontros de almas que precisavam apenas de um link para irem além de dois indivíduos.

> **É o multiplicar de afetos que faz a verdadeira riqueza na vida.**

Foi assim com a Camilla Mazzoni. Mas, dessa vez, a adotada fui eu. Eu e Thiago fomos recebidos com muito amor, risadas, comida e copos de chopp do Cruzeiro num almoço completo de família na cidade vizinha de Mogi Guaçu. Depois disso, a Cá chegou a morar dois anos em Campinas no mesmo condomínio e fomos vizinhas. Mais um tempo e lá estava a família Mazzoni mudando de novo, desta vez para São Paulo, onde mais uma vez fomos recebidos com todo amor para um fim de semana, numa ocasião bastante especial: íamos provar finalmente a torta capixaba de que tanto falavam em nossos encontros. "Cês precisam provar a 'tóórrta' capixaba", dizia a Flávia, com seu sotaque inconfundível e delicioso de Minas.

Mas o que uma receita do Espírito Santo fazia ali, no seio de uma família tipicamente mineira? É a beleza desse Brasil que tanto amo e de sua cozinha que atravessa rodovias e estaciona nos estados vizinhos.

Embora a maior parte da família da Camilla seja mineira, a parte capixaba reinou absoluta na tradição de Páscoa. Todo ano, no feriado cristão, eis que a torta capixaba tem presença garantida na mesa

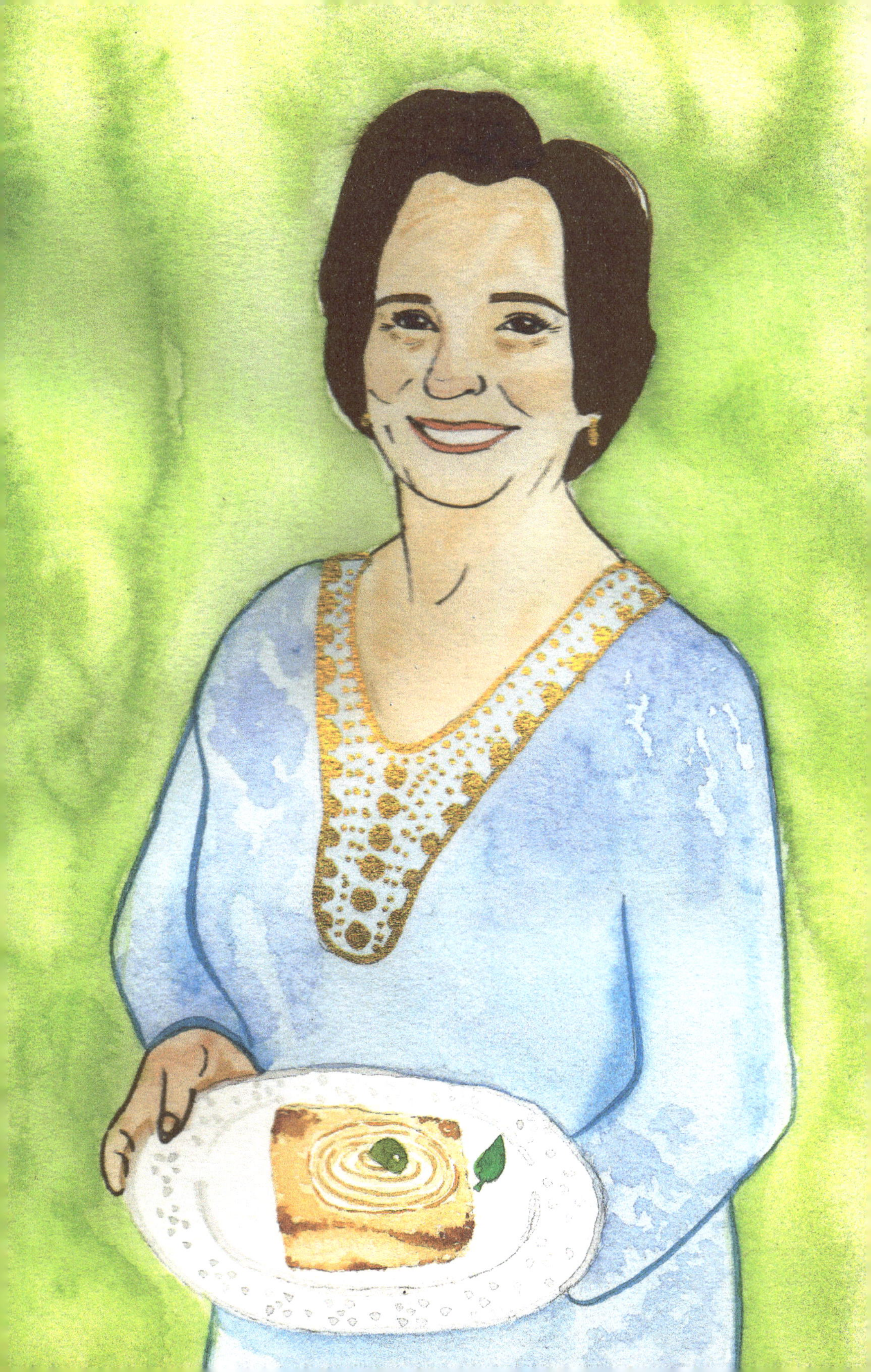

dos Mazzoni. Aquele fim de semana seria mais que especial: Páscoa e também meu aniversário. **O 14 de abril caía exatamente no Sábado de Aleluia, então, teríamos três dias para comemorar, comer e botar o papo em dia.**

Mas a receita da torta capixaba e receitas de Páscoa daquele fim de semana renderiam mesmo um ótimo causo para se contar.

Para começar, o Toninho, pai da Camilla, fez questão de escolher o melhor palmito para a torta capixaba. Não poupou esforços... nem quantidade. Tanto que, ao receber a encomenda em casa, Flávia tomou um susto ao ver um caminhão entregar o palmito e um leve constrangimento ao ouvir o motorista perguntar se a família tinha um restaurante. Tinha palmito pra chuchu só pra um fim de semana. O plano inicial era o Thiago ir alguns dias antes para São Paulo, durante a Semana Santa para que pudesse não apenas ajudar no preparo, mas aprender a fazer essa joia de receita familiar.

Não deu. Sendo assim, a Flávia e a vó Vana tiveram que preparar tudo sozinhas. Até aí não sabíamos que a quantidade comprada para a torta dava para servir fácil cinquenta pessoas e não as dez ou doze previstas para o almoço de domingo. Exageros deliciosos dos mineiros que, além de mesa farta, encheram o causo de bom humor ao relatar o processo da receita.

Chegamos na quinta-feira recebidos já com essa história da quantidade do palmito e a Flávia contando os detalhes do processo. Se tinha muito palmito, o outro ingrediente ilustre dessa torta, o bacalhau, tinha em igual porcentagem. Cozinhar, desfiar, tirar delicadamente os espinhos e passar a carne branca no moedor foi outro lavor que as duas bravas cozinheiras enfrentaram sozinhas. Que figuras. Naquele fim de semana, com os causos, os sotaques, os doces de leite, as tortas, as conversas, os churrascos, as playlists do Toninho impecáveis, as aventuras da juventude do vô Giló, esses seres humanos incríveis nos nutriram.

A torta capixaba teve seu destaque à mesa embora a fartura reinasse ali, entre outras receitas e quitutes que mantinham os pratos cheios. Curiosa, corri atrás das origens e me deparei com mil histórias até aportar em pesquisas por Vitória/ES, onde a torta teria nascido por conta da riqueza dos manguezais da ilha.

Com origem nas culturas indígena, europeia e africana, algumas versões levam ostras, siri desfiado e até sururu. A forte influência da igreja católica na região e na comunidade portuguesa garantiu que o hábito de não comer carne durante a Semana Santa fosse seguido à risca e, assim, a culinária outrora indígena — que misturava palmito moído aos frutos do mar —, começava a ganhar o acréscimo do bacalhau e outros ingredientes por volta do século XIX para formatar a receita deliciosa e riquíssima que temos hoje.

Tão rica que, para selar o compromisso entre cozinheiro e comensais, anéis de cebola cuidadosamente ajeitados no topo da torta espalham-se pela assadeira entre a espuma crocante que protege o recheio. A azeitona (preta, de preferência) completa o apelo kitsch. O fio de azeite na hora de servir consagra e sacramenta o comprometimento de relação eterna de quem compartilha essa joia.

Ao provar — e, claro, trazer para casa uma assadeira inteira de torta capixaba, por conta do estoque no freezer da Flávia — senti-me ainda mais comprometida com aqueles seres que amorosamente abriram sua casa para mim e Thiago naquele fim de semana. Uma festa de alegria tomou conta de minha alma por conta de uma torta. Era para ser só uma assadeira, mas os Mazzoni transformaram tudo em um evento e me provaram, mais uma vez, que a cozinha é um lugar onde promessas de carinho, vida, cuidado e amizade se renovam e se fortalecem, sem que uma palavra precise ser dita. Basta uma única garfada.

Estrogonofe do 3º B – PAN

SABOR CACHORRO-QUENTE

Formei-me no colegial da escola Paulo Araújo Novaes, a PAN, o colégio Industrial de Avaré em 1997. Comigo, uma turma que vinha junto desde 1988 ou 1989, coisa comum em cidades menores, cuja grande especialidade é formar grupos que vão compartilhar grandes momentos da vida contemporânea. Da infância à adolescência, criamos laços, fizemos amizades, amores, desfizemos parcerias, brigamos, viajamos juntos, sem os pais, pela primeira vez, para ver o mar, aprendemos a beber, matamos aula e vivíamos juntos as dores dos corações partidos e a espetacular experiência de se carregar no peito amigos de mais de trinta anos.

Em meados de 1995, 1996 tínhamos entre quinze e dezesseis anos e víamos o florescer da geração Y como seres pensantes, o nascer da internet, o Antônio Fagundes como Rei do Gado na novela das 8 e as escolhas para se prestar vestibular dali a um ano. Fortaleciam-se ali as psiques, construíam-se as expectativas sociais e culturais de indivíduo. Consolidávamos nosso crescimento, físico, mental e espiritual. Começava ali a nossa busca — que não sabíamos ainda ser interminável — por nosso lugar no mundo.

Assim, o fortalecimento dos laços ao lado de quem vive contigo as batalhas da puberdade, mais do que inevitável, seria inexorável. A vontade de passar tempo juntos, falando da vida, entendendo questões, dividindo experiências era uma necessidade tamanha.

Não tínhamos smartphones. Tínhamos um ao outro e horas acumuladas depois da aula, fazendo planos para os dezoito anos. Nossas reações a posts e textões eram as caras feias ou as caras boas dos amigos ali, na hora do desabafo. Trocávamos CDs, organizávamos churrascos, alugávamos filmes em videolocadoras, fazíamos grupos de estudo, íamos às discotecas nos clubes da cidade. Tudo era motivo para ficar junto.

E claro que, no meio disso tudo, em algum momento, os cozinheiros de alma iriam surgir naturalmente. A cozinha se manifestaria ali, de um modo ou de outro, como mais um fator agregador. Era de se esperar que em algum momento, mais do que sair para comer, alguém se apresentasse como aquele que opera o fogo para manter a tribo ainda mais unida. Já não queríamos os cafés da tarde e os almoços feitos pelas mães, filados na casa dos amigos.

Queríamos nós mesmos operar as panelas, embora o arroz e feijão da dona Sônia — mãe da amiga Carolina Prezotto — ainda esteja na minha lista de PFs mais deliciosos que já provei na vida. Por meus dotes culinários, obrigações de cozinhar em casa desde cedo e meu apreço pela cozinha, não foi difícil botar a banca de cozinheira e sugerir num dia de semana que fizéssemos uma "janta" em casa. O duro de quem cozinha é que a gente sempre sugere algo que não sabe cozinhar, na certeza de dar conta de fazer.

E o prato escolhido foi um bom e fácil estrogonofe de carne.

Foi sugerido não vou me lembrar por quem, mas de uma coisa jamais esquecerei: Isabel Cardoso dizendo que sabia fazer o estrogonofe. "Ótimo! — pensei. — Opero o fogo e a Bel me orienta na gestão dessa receita". O que poderia dar errado? Se uma sabia a receita e a outra sabia operar um fogão, um estrogonofe ia ser facílimo. A confiança dos adolescentes é ainda algo que me surpreende.

Aquele misto de arrogância ou total ignorância de riscos é o que nos fazia naquela época nos lançarmos em aventuras imaginárias na certeza de finais felizes.

Naquele dia, coletamos trocados da turma para a compra dos ingredientes. Algo em torno de cinco reais de cada, se me lembro bem. Lembre, leitor. Não havia internet para se buscar a receita ou fazer cálculo de quantidade. E considerando que as cozinhas das nossas famílias não eram da burguesia gastronômica, o estrogonofe não era um prato do dia a dia para a maioria das mesas. Ali teríamos intuição, imaginação, memória e, claro, a receita na cabeça da Isabel.

Primeiro impasse, a escolha da carne. Filé mignon não seria, já que tamanha iguaria não era assim tão acessível a um bando de adolescentes capazes de comer até pedra. Qualquer uma? Isso também implicava custo.

Aliás, falando em custo, aquele estrogonofe de revista com champignon em conserva não ia rolar. Afinal, cogumelo era item dos mais caros na seção classe média/alta do mercado. Creme de leite comprado, molho de tomate e só. Era o que constava na lista. Arroz para acompanhar? Isso alguém trazia de casa. A premissa para qualquer adolescente que se preze — e isso desde que o mundo é mundo — é otimizar os custos e assaltar as despensas da própria casa para abastecer as reuniões de amigos.

Segundo impasse: por mais que eu tivesse horários para cozinhar o trivial e tivesse cronometrado o tempo de cozimento do menu simples do dia a dia, não fazia ideia de quanto tempo levaria para fazer um estrogonofe. Mas confiei na amiga que chegava em casa com toda confiança do mundo, pronta para começar. E eu ali, pronta para receber ordens ao fogão. Com a turma toda ali e boa parte na cozinha, começávamos nosso ballet no fogão de 4 bocas na casa em que morava. Rua Cerqueira César, no bairro Jardim São Paulo, em Avaré.

"Corte a carne, pique cebola, tempere, ponha na panela de pressão", dizia a Isabel. Obedecia eu, sem pestanejar, uma sous-chef proativa, leal, sem questionar as orientações que me vinham de cima.

Embora ela me desse ordens precisas, ia eu seguindo também a intuição do meu dia a dia na cozinha. "Tempero como, Bel?", eu perguntava. Ela respondia "Do modo como achar melhor". Isso era bom, em minha cabeça, porque me dava liberdade de seguir meus instintos enquanto a amiga me guiava na receita. Enquanto ficava atenta aos aromas da panela e guardava o fogão, a interação entre os amigos e colegas em casa seguia animada, um e outro passando pela cozinha, para perguntar a que horas ficaria pronto nosso primeiro jantar juntos feito por um de nós.

O molho era o que me preocupava. Enquanto aguardava o ponto da carne — que me seria apontado pela amiga — pensava em como chegaria naquele molho clarinho dos estrogonofes de revista. Logo após as primeiras ordens, minha chefe na cozinha começa a se distanciar do staff enquanto eu aguardava novas instruções. A carne na panela espalhava seu aroma por toda a casa, aguçando ainda mais a fome de pelo menos vinte adolescentes, e era somente a primeira etapa da receita, enquanto minha chefe conversava animadamente com a turma.

"Deve estar bom", pensei. Chamei Isabel para me acompanhar na abertura da panela. Qual foi a minha surpresa em ver que toda a carne estava completamente desfiada e desmanchando na panela, ao invés dos suculentos cubinhos das receitas de revista? A cara de interrogação da Isabel logo deu lugar a um confiante "Tá certo, agora faz o molho".

Ali já comecei a duvidar das capacidades técnicas de minha chefe e chamei um consultor para uma segunda opinião. Se tinha alguém na classe que com certeza tinha visto mais estrogonofes que a gente, esse alguém era o André Beluci.

Chamei-o para junto da panela e perguntei: "André, você já comeu estrogonofe?". A resposta foi um "Claro que sim" no tom altivo que sempre lhe foi peculiar e que o acompanha até os dias de hoje quando lhe perguntam obviedades.

— E isso aqui pra você parece uma base de estrogonofe? — perguntei.

— Olha, o estrogonofe que comi são uns pedacinhos de carne com um molho e champignon — respondeu André, no mesmo tom.

Chamei de novo pela Isabel para então me orientar a seguir o caldo. Algo eu poderia recuperar. Rapidamente ela começou a me mandar colocar o molho, misturar mais tempero. Comecei a me movimentar rapidamente e preparar o molho ali em cima daquela carne desfiada, na certeza de que viraria algo mais parecido com um molho bolonhesa do que um estrogonofe.

Minha insegurança no molho era tamanha que pedi que ela ficasse ali do lado do fogão enquanto misturava tudo, na esperança de que ela me dissesse o que fazer.

Junto, o André olhando atentamente o que fazíamos. Outra coisa que jamais me sairá da memória: André perguntando se eu já havia colocado a mostarda. Até hoje não sei como ele sabia dessa informação na receita já que sei que a cozinha nunca foi um de seus interesses. Na mesma hora olhei para a Bel, que me devolveu a questão bastante assertiva: cadê a mostarda?

Abri correndo a geladeira e sem pensar muito peguei a mostarda velha e um vidro enorme de catchup. É preciso lembrar que o molho também estava ralo e eu precisava mais do que água e creme de leite para fazer render. Enquanto a receita dava errado, a fome dos adolescentes ali reunidos só aumentava. Fui botando tudo na panela e dando para a Bel experimentar. Afinal, era ela quem conhecia a receita. "Quanto de mostarda?", eu aflita. "Pode botar mais", ela respondia firme. Comecei a colocar junto o creme de leite e o catchup e retemperar para disfarçar o gosto de enlatado que começava a incorporar o caldo. Provei. Achei que estava bom, mas talvez aquilo não fosse o sabor de um estrogonofe.

— Prova, André — digo. Ele prova, descrente, mas fez uma cara boa. Disse que estava bom, com gosto de molho de cachorro-quente.

Viro-me para a Isabel, que prova o molho e faz a mesma cara dizendo que está bom. Está bom, mas está "certo"? — pergunto, na esperança de que a outra especialista em estrogonofe me diga que acertei, já que o veredito do outro provador não havia me aproximado da receita original.

—Não sei, nunca fiz — ela responde, devolvendo-me a colher de prova.

Aquele momento foi um misto de surpresa, raiva, risada, espanto e certeza de história pra contar. Foi mais engraçado que tumultuado, já que sem pestanejar, abri mão dos conselhos da minha chefe e do meu consultor e comecei a confiar nas minhas aptidões ali, postas à prova em tempo recorde. Acredito que aquele tenha sido meu primeiro momento de improviso à cozinha, sabendo que havia convidados à espera.

A hora do improviso é o momento que mais nos coloca no AGORA. Agimos rápido, nada mais importa, nem passado e nem futuro, e focamos completamente na ação do presente. Talvez por isso eu aprecie tanto as meditações culinárias.

A vida adulta nos faz oscilar tanto entre momentos de ansiedade com o futuro e nostalgia sem equilíbrio pelo passado, que estar na cozinha e pensar ainda na vida fugaz do próprio alimento preparado me faz dar valor às horas em que estou neste saboroso e perfumado agora.

> **Eu ainda não sabia definir, mas ali meu coração se ligaria de vez ao fogão quentinho e à vontade de contar histórias sobre isso.**

Naquela noite saiu um panelaço de estrogonofe com arroz branco e batata-palha decorativa — outra iguaria cuja aquisição neste dia não posso contar aqui — e alimentou alegremente os adolescentes que estavam ali para dividir muito mais que um prato.

Dividimos muitas risadas e a história que se eternizaria entre todos que acreditaram, naquele dia, que a Isabel sabia cozinhar. Fortalecíamos uma tribo, uma família que o tempo e a distância não apagariam porque éramos — e somos — parte das nossas jornadas individuais. Temos, na vida de cada um, um papel, um momento, uma história e uma passagem que nos tornaram quem somos. Talvez fôssemos pessoas diferentes sem aquele estrogonofe.

O bom da cozinha é que ela ensina e direciona: do estrogonofe de mostarda e catchup nasceram as reuniões com cachorro-quente (agora de verdade) em casa, que ficaram marcadas pelo ótimo molho com salsicha que servíamos.

Não me lembro mais de termos cozinhado o estrogonofe para a turma, mas lembro-me que, toda vez que fazíamos cachorro-quente, repetíamos a história do estrogonofe.

Foi assim que o cachorro-quente com pão francês e molho de alho entrou definitivamente para o cardápio de nossas reuniões, mas o estrogonofe jamais saiu de nossas histórias.

Rocambole da Rê

O DOCE QUE MOTIVOU A ESCRITA AÇUCARADA DE MINHA VIDA

Muitas receitas nos dão arrepio tamanha sua dificuldade. Ou, pelo menos, amedrontam por parecerem difíceis de executar. Ponto certo, montagem, servir... Não sei em que momento da vida comi o Rocambole pela primeira vez, mas lembro-me de uma pessoa dizendo o quanto era difícil de acertar tal sobremesa. Posso não me lembrar de quando comi pela primeira vez, mas posso dizer definitivamente quando me reencontrei com esse sabor tão doce e tão mágico, fora das padarias ou confeitarias da moda.

Foi em Valinhos, em 2010, na casa da Regina Lara, quando nasceu sua caçula, Brunna. Uma visita para ver a pequena que chegava ao mundo, um café e um suculento rocambole à mesa que de cara me apeteceu pelo simples fato de não ter sido produzido em padarias. Ele tinha um cheiro de cozinha de casa, de ter sido feito ali, tortinho de um lado, com mais coco de um lado que o outro. Tinha uma imponência das receitas preparadas pelas boas doceiras à moda antiga, coisa que a Rê Lara já tinha na alma muito antes de abrir a sua loja de cupcakes e docinhos, disputados a tapas pelas noivas de Campinas ultimamente.

Minha história com a Rê começa em 2007; ela era editora da revista Mercado Gastronômico (MG) e me ofereceu uma coluna e algumas matérias especiais para que eu exercesse o doce lavoro de rascunhar pequenas ideias e divagações sobre a rota gastronômica de Campinas e região.

Entre matérias sobre cafés e fios de ovos, fomos cozinhando uma relação de amizade no sous-vide[2]. Devagar, sem pressa e na temperatura certa.

> **A Rê lia meus textos com entusiasmo. Ficava feliz ao recebê-los por e-mail, elogiava e se orgulhava de colocá-los na revista impressa. Eu ficava acanhada. Sabia de minhas limitações literárias, de meus erros, de meu prolixismo (do qual ainda tento me livrar, sem muito sucesso, a cada parágrafo). Mas ela nunca julgou uma linha.**

---

2 *Sous-vide*, em francês, é um método de cozinhar em pacotes plásticos selados a vácuo, em baixas temperaturas e por um tempo maior que o tradicional.

Entre tantos colaboradores incríveis e especializados que a MG tinha na época, meus textos eram sempre recebidos com carinho e respeito. Naquele dia do rocambole, sentada à mesa com ela, o marido e a pequena Brunna dormindo no carrinho ao lado, deram-me o primeiro ingrediente para começar a escrever meus livros. "E você não vai escrever um livro?", dispararam, logo após uma breve conversa sobre os tempos da revista que já havia encerrado suas atividades e da qual falávamos com saudade.

Engasguei na resposta. Antes daquele momento eu não havia sequer pensado no assunto. Aliás, lembro-me que respondi vagamente algo do tipo "não sei, acho que não, não tenho vontade", desviando um assunto que me sondaria os pensamentos volta e meia depois. Talvez estivessem apenas sendo corteses com a ex-redatora, naquela hora, mas a partir daquele momento comecei a colocar vagarosamente mais ingredientes na receita.

Eu não sabia o que escreveria, mas sabia que seria sobre algo que une, cola, cria vínculos, nutre e alimenta. Naquele dia, de tanto que elogiei o doce, a Rê foi escrevendo a receita em um papel, à mão, para que eu pudesse levar para casa. "Leva para você fazer também", disse, orgulhosa, sem medo de entregar aquela joia culinária.

Entregou-me ali uma preciosidade, e hoje entendo a poesia daquele momento. Mesmo mantendo contato muito esporadicamente com ela, aquele rocambole nunca me saiu da lembrança. Recentemente nos encontramos para papear sobre um outro livro e perguntei sobre o rocambole. "Ah, não faço mais! Agora é só bolo de rolo!", entusiasmada, contando que, de tão apaixonada pela receita, foi aprender a enrolar a massa com uma chef pernambucana.

Por essas e outras é que aconselho você a buscar, entre os cafés divididos com amigos despretensiosamente, pelos pequenos sinais —

ou faróis! — acionados pelo universo, para que identifiquem o que faz o coração vibrar.

Acredito que seja entre uma colher de açúcar e uma puxada de cadeira em uma cozinha qualquer que o Absoluto relembra os propósitos de nossas almas. Sopra-nos aquele "por que não" aos ouvidos. O meu sopro veio polvilhado com coco e recheado de doce de leite, junto com os elogios doces da Rê sobre um trabalho que até então eu nem sabia que queria concretizar.

A ela serei sempre grata.

O rocambole nunca fiz. E provavelmente nunca farei. Mas aqui fica o registro do Rocambole da Rê. Espero que, ao tentar reproduzir a receita, você escute o sussurro açucarado do universo e comece a pensar em novas maneiras de seguir sua jornada.

Viva Bakery

A ALEGRIA DE TER UM LUGAR CHAMADO VIVA BAKERY PERTINHO DE MIM

Há um conselho de vida que posso lhe dar com toda certeza: tenha amigos cozinheiros. Eu não só tenho grandes amigos cozinheiros, como me casei com um. Tudo bem que me apaixonei sem saber que ele carregava esse gene culinário. Mas dei sorte. Ao longo da vida entendi que quem cozinha é sempre um tipo de pessoa que é um grande presente ter por perto. Isso porque quem cozinha cuida.

Quem cozinha quer alimentar, afagar, acalmar, quer ter junto. Tenho muita sorte, pois meu glutão anjo da guarda costuma me empurrar sempre para perto dessa turma.

E, numa das andanças gastronômicas, fui parar em Piracicaba, numa aula da Michele Maia, e conheci a Karina Ruiz. Quando a Michele nos apresentou, tratou de dizer que era cozinheira das boas e que estava prestes a abrir uma padaria artesanal em Americana. Tímida, Karina falou um pouco, tentando baixar nossas expectativas sobre o empreendimento quando nos viu animados. "Ah, vai ser pequena e ainda falta muito", disse, emendando que tudo ainda estava em obras e que demoraria alguns meses para o sonho se concretizar.

Naquela hora, mesmo sem saber nada sobre ela, soube que estava diante de uma grande cozinheira. Certezas de quem, por um milésimo de segundo, deixa escapar o propósito da alma numa palavra, num olhar. E captei essa faísca na voz da Karina. Sorri quieta. Era só esperar pela abertura da tal padaria artesanal para meu coração e meu estômago bradarem felizes um "a gente já sabia".

Comecei naquele dia a acompanhar a Viva Bakery no Instagram. Já havia um perfil e Karina compartilhava ali os quitutes que preparava amiúde sob encomendas semanais. Seu capricho nas fotos, a escolha de seus ingredientes e suas combinações de sabores iam me cativando dia a dia, enquanto aguardava ansiosa a abertura da padaria.

Foram alguns meses até enfim chegarmos à padaria e empurrarmos a pesada porta verde que dá acesso ao ambiente, ao lugar mais perto que se pode estar de Paris ou Nova York sem estar na França ou nos EUA. Embora as referências sejam as bakerys nova iorquinas — nas quais a Karina dá um pau, *by the way*, com seus quitutes — sinto-me em Paris quando estou lá.

Há um aroma doce e amanteigado no ar, misturado com café, há barulho de conversas, música que varia de jazz a rock clássico ou músicas francesas bem baixinho.

Um balcão comprido, lugares para sentar que foram construídos conforme a necessidade, a vitrine para escolher entre pães, banana pudding, cruffins, croissants, madeleines, pizzas, red velvets e os

Ilustração da fachada cedida gentilmente por Karina Ruiz, proprietária da Viva Bakery.

mestres das massas trabalhando. Lá fora, um mesão de concreto e poucos bancos se misturam a um canteiro de lavandas que não só embelezam, mas também perfumam e benzem os clientes que chegam. Está sempre cheio, em especial aos sábados pela manhã, dias em que eu e Thiago dirigimos 38 quilômetros de Campinas a Americana atrás de um café e um abraço da Karina. Ali, não temos pressa: peço primeiro um café Virginia Roasters (incomparável café brasileiro, assunto para outro livro), um palmier e um croissant recheado. Depois, vamos escolhendo os pães de fermentação natural que levamos pra casa e provamos tudo que o estômago pedir pelo olhar.

A parte chata é que o estômago tem limite e os carboidratos não perdoam, mas a gente não pode pensar nisso quando está diante de uma vitrine como a da Viva Bakery. Sempre somos recebidos com um abraço da Karina, palavras doces e gentilezas da equipe. Sempre nos sentimos em casa e saímos de lá felizes por saber que há cozinheiros como ela que amam tanto o que fazem. E que o fazem com tanto talento e disciplina.

> **A memória afetiva ligada ao sabor não precisa vir de uma receita de família, do caderninho da avó, do tio ou da mãe, necessariamente da infância, como superficialmente pregam alguns escritores desse segmento.**

Precisa fazer sentido entre suas experiências de vida seja aos dez, aos vinte, aos trinta, aos quarenta (meu caso). E a beleza disso é que a memória afetiva gastronômica vai sendo construída ao longo da vida.

Provar algo pela primeira vez e fazer daquilo parte de sua história é o que deixa a vida mais saborosa.

E quando alguém como a Karina e tantos outros cozinheiros maravilhosos resolvem abrir um negócio para compartilhar suas receitas além de suas cozinhas em casa é uma baita oportunidade de enriquecer nossas memórias de forno e fogão.

Acho impossível replicar aqui qualquer receita da Viva Bakery; então, prefiro compartilhar as coisas maravilhosas que se pode encontrar por lá — além dos meus amados palmiers —, passando o endereço e convidando vocês a visitarem esse lugar tão espetacular onde a alma de uma cozinha se materializa entre farinhas, açúcares, um pouco de Morrissey e manteigas francesas.

Pingo de leite Avaré

O MELHOR PINGO DE DOCE DE LEITE DO MUNDO

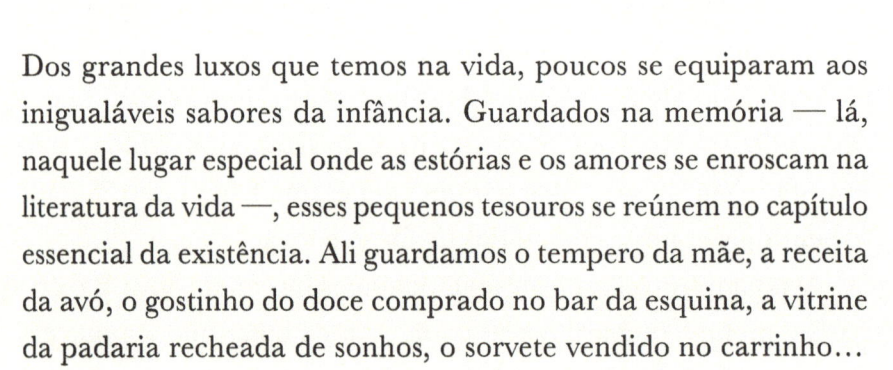

Dos grandes luxos que temos na vida, poucos se equiparam aos inigualáveis sabores da infância. Guardados na memória — lá, naquele lugar especial onde as estórias e os amores se enroscam na literatura da vida —, esses pequenos tesouros se reúnem no capítulo essencial da existência. Ali guardamos o tempero da mãe, a receita da avó, o gostinho do doce comprado no bar da esquina, a vitrine da padaria recheada de sonhos, o sorvete vendido no carrinho…

Nada — ouso dizer —, nada é tão rico e seu quanto as memórias que envolvem os sabores provados (e, muitos, desbravados!) durante aqueles primeiros anos. Alguns jamais serão provados novamente (como aquele bolo de canela, de Natal, feito pela avó amada que já se foi), mas outros nos dão a honra de continuar a vivenciar a mágica daquele tempo, em que no céu de nossas bocas havia uma explosão de estrelas de açúcar.

Na cidade onde cresci, um gostinho muito especial sobrevive às receitas e doces da moda. É ele que me faz desafiar os amigos mineiros e argentinos que recebo em casa, em Campinas, ao servir — de peito estufado de orgulho — aquele doce de leite que só existe em Avaré/SP há quase um século. O famoso "pingo de leite", como é conhecido, nunca — mas nunca mesmo — decepciona, agradando inclusive os mais incrédulos e avessos a doces.

Uma fina camada crocante de doce de leite açucarado derrete na boca rapidamente enquanto revela um recheio em textura "puxa".

Se felicidade tem tamanho, creio que os pouco mais de cinco centímetros do tabletinho representam a medida certa dos momentos felizes. Embora a história da receita seja bem mais antiga e cheia de causos (coisa que toda boa estância turística adora), a fábrica Gotas de Leite é detentora da receita do pingo que tornou a cidade conhecida em todo o Brasil.

Desde 1998 tem sede em um bairro fora da região central e oferece outras versões do doce de leite, como pastoso, chup-chup e tabletes macios, incluindo algumas versões diet para quem tem restrições ao consumo de açúcar.

A fábrica se orgulha de fazer a própria captação e preparação do leite, participando do desenvolvimento da pecuária leiteira da região. Ela comercializa a lenha que alimenta as caldeiras de fornecedores devidamente cadastrados, que fornecem madeira de reflorestamento, garantindo a sustentabilidade do ecossistema. A maior parte da produção de doces está destinada a São Paulo, capital e interior.

O que faz dele tão especial para mim é que, toda vez que provo, sinto o mesmo deleite de quando o provei pela primeira vez. Lembro-me como se fosse hoje. Desembrulhar com as mãos pequeninas aquela preciosidade, oferecida por meu pai, que por alguma razão também dizia orgulhosamente: "Esse doce é feito aqui na região".

Talvez a mágica tenha sido feita ali. E definitivamente ganhou meu coração, ocupando minhas melhores memórias, aguçando percepções gastronômicas.

Ver os amigos se entregarem ao mesmo deleite ao provarem o "pingo" pela primeira vez é como entregar a eles um sorriso embrulhadinho, especial, feliz. E repito ao mesmo tempo a frase de meu pai, mudando um pouquinho para "esse doce é feito lá, de onde eu vim".

Acredito realmente que os sabores que guardamos na memória dizem muito sobre quem somos, e consigo conhecer alguém a fundo só pelo modo de se expressar ao lembrar-se de um ingrediente da infância. Quem tem um gostinho bom para lembrar não envelhece, não sai avesso, não passa frio emocional.

O doce de leite Avaré é definitivamente um dos grandes sabores da minha vida. Nas visitas à terrinha — tão escassas —, a ida à fábrica está sempre em minha programação e sempre há um potinho esperando por mim na casa das irmãs e sogra queridas.

Aquele doce querido da infância é o que muitas vezes nos liga a momentos que se perderam na história da vida, que uniram pessoas a um único e fugaz acontecimento. Aquele que faz a alma transbordar ao ser acessada pelo aroma, que ativa a lembrança enchendo o peito de carinho. Em minha memória, o sabor do pingo é tão vivo que talvez seja o maior motivo que eu tenha para, quem sabe, um dia, envelhecer na terra da qual estou longe.

De preferência, em uma casinha bem pertinho da fábrica, ali na rua Jango Pires.

Sanduíche de linguiça e tomates do Seu João

MINHA MEMÓRIA CHEIA DE ESPECIARIAS E VONTADE DE MAIS PROSAS

Há poesia e história nas cozinhas. Em todas elas. Existe uma alma inquieta, uma presença dançante, um ser que talvez viva na chama dos fogões, que instiga e inspira todo aquele que em seu coração traz um cintilar de apreço pelas panelas.

Meu pai era uma dessas pessoas. Não era exatamente um cozinheiro, mas sua familiaridade com as panelas e com o dever de alimentar a prole comovia-me, e ao mesmo tempo intrigava, ao vê-lo lidar com tanto jeito com aquela infinidade de ingredientes e utensílios de cozinha.

Talvez tenha sido a necessidade da vida, mas tinha hábitos culinários peculiares. Não exóticos. Peculiares e singelos. Botava mãos cheias de cominho, sem medida, numa panela de feijão cozido, mas fatiava delicadamente batatinhas e mandiocas como que a preparar joias a serem levadas ao fogo. Levava os quiabos fatiados simetricamente ao sol, dispostos em uma peneira, para "secar a baba", dizia, e "não amargar na quentura".

Misturava tudo que é tipo de tempero em um só caldeirão e ignorava qualquer tipo de textura dos ingredientes quando se tratava de cozidos. O caldo de seu feijão era sempre fino e carregado de um tempero pronto que até hoje não sei o nome. Seu intitulado Arroz Agrícola levava uma espécie de arroz polido, com batatinhas em cubos, tomates, cebolas e repolho fatiados, com muito — muito — tempero, entre eles cominho, açafrão-da-terra, cebolinhas, coentro...

Odiava cada um daqueles aromas. Sim, eu odiava cada um daqueles aromas. Ficava brava quando, do quarto, sentia o calor das especiarias a invadir o ar e me fazer sentir o gosto daqueles ingredientes só pelo cheiro. Como qualquer criança daquela época, não queria legumes cozidos, ainda mais com temperos "esquisitos".

Quando adolescente, assumi o controle da cozinha de casa, tentava fazer o oposto do que meu pai fazia em suas receitas. Creio que minhas irmãs e irmãos também o fizeram em suas cozinhas.

Arroz branquinho, mais frituras e assados do que os cozidos pálidos de meu pai. Mas me vi, sem perceber, a provar e pesquisar aqueles temperos que tanto desprezei quando era ele o chef daquele nosso bistrô particular.

Me vi a procurar as panelas que ele usava, os caldeirões, as peneiras e a tentar copiar a receita do quiabo que tanto viu minhas caras feias à mesa quando pequena.

Mas um prato em especial me tirava da cama bem cedo. Acordava com o aroma agressivo a invadir o quarto e com o barulho da gordura estalando na cozinha.

Um sanduíche que ele fazia com pão amanhecido, frito em banha e recheado de linguiça picadinha com tomates.

Era por esse sanduíche, gorduroso, picante e feito das sobras de uma velha salada, que eu esperava certos dias na semana.

De todo o tempo que meu pai passou na cozinha, foi quase no fim de sua experiência gastronômica que ele criou o prato para o qual eu lhe daria trois étoiles. Há sete anos um AVC o afastou das frigideiras e eu por todo esse tempo senti falta desse sanduíche tão impossível de reproduzir.

Quando ele partiu, aos 82 anos, num sábado ensolarado de novembro, uma única imagem me veio à mente como a tentar congelar um só momento de sua história, para não escapar jamais a lembrança. Sua presença na cozinha da velha casa em Avaré — ainda da família — em frente ao fogão vermelho, a porta da cozinha aberta, com o sol ainda tímido e o barulho da frigideira queimando, a esperar os pãezinhos amanhecidos.

Não só a imagem fez-se viva e forte, como por um segundo senti o aroma do tempero quente que exalava da frigideira naquelas manhãs.

> **Receitas prontas são memórias temperadas. Não precisam ser feitas de trufas para nos serem caras e raras. Afagam-nos quando a saudade aperta e por um segundo podem trazer de volta aquele momento que nos fez tão satisfeitos.**

É por essas e outras que na cozinha estão minhas melhores histórias e memórias. Depois de tantos anos morando longe de meu pai, foram as frigideiras e os temperos que gravaram em nossa história — tão particular — o que meu coração não precisaria esquecer.

Doce de figo turco da Bisa Justina

UMA VERDADEIRA JOIA CULINÁRIA

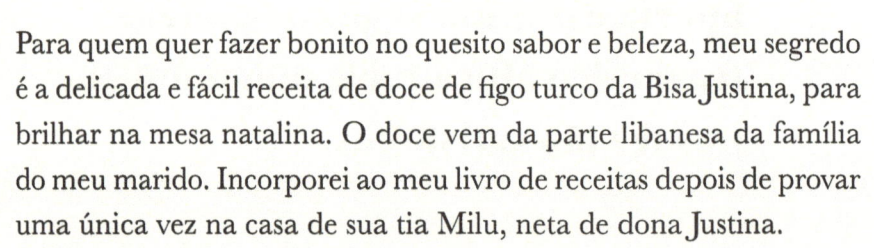

Para quem quer fazer bonito no quesito sabor e beleza, meu segredo é a delicada e fácil receita de doce de figo turco da Bisa Justina, para brilhar na mesa natalina. O doce vem da parte libanesa da família do meu marido. Incorporei ao meu livro de receitas depois de provar uma única vez na casa de sua tia Milu, neta de dona Justina.

    O que mais me chamou a atenção não foi o sabor ou as cores douradas que sobressaíam da travessa naquele momento. É que o doce foi servido ali, num meio de semana — na temporada de Natal, obviamente —, mas sem aparentemente qualquer ocasião especial ou cerimônia. Aquele doce de meio de tarde. Foi numa passada rápida à casa de dona Milu em Campinas, dessas em que nos sentamos por vinte ou trinta minutos à mesa para um café, que o doce de figo da

Bisa me foi apresentado. "Senta, Jane, vou te servir o doce da bisa", disse dona Milu.

Aceitei sem muita vontade, pois eu jamais recuso uma colherada de qualquer receita que carregue o nome de vó, de tia ou de qualquer título de alguém da família.

Ela me serviu o que pensei ser uma espécie de praliné, tons dourados e perolazinhas que identifiquei depois como as sementinhas do figo. Enquanto me servia com um pouco de sorvete de creme, falava sobre a receita e de como tradicionalmente era feita nos natais pela Bisa Justina.

Confesso que estava desconfiada. Era um doce tão diferente dos cremosos ou refrescantes a que nosso paladar brasileiro está acostumado, que eu não sabia o que esperar. E com sorvete? Na verdade, queria ouvir mais sobre a receita, mas a prova da conquista seria quando eu a colocasse na boca.

E bastou uma pequena colherada, ainda sem o sorvete, para que eu me apaixonasse perdidamente. Mais que depressa elogiei sinceramente a receita e quis saber como era o preparo. "Ah, Jane, é muito fácil! É até bobo de se fazer", conclui Milu, enquanto me explicava a receita que basicamente é uma calda de açúcar e limão onde mergulhamos figos secos cortados, uma boa dose de nozes e — meu segredinho — pitadinhas de erva-doce.

A partir desse dia, meu interesse pela cozinha fenícia começou a crescer. Meu apetite pelas receitas libanesas crescia à medida em que estudava os ingredientes que existiam nas mesas há pelo menos três mil anos e que ainda chegavam a nós providos pela terra, pela cultura e que encontraram um jeito de estar numa mesa brasileira, fazendo parte do menu de uma tradição cristã.

Em busca da receita original descobri as versões mais antigas que levam snoobar e ma'zahr (água de flor-de-laranjeira). Andei por muitos restaurantes buscando essa versão do doce, conversei com chefs libaneses e a maioria, embora conhecesse o doce, não o replica nos cardápios, mas vez ou outra faz em suas casas por ser uma receita antiga de família.

O único restaurante que me apresentou uma versão quase gêmea do doce da Bisa Justina foi o Arábia, em São Paulo (da Leila Youssef e Sergio Kuczynski) que o serve com sorvete de nata e o decora com snoobar (pinole libanês).

Acho de fato essa receita um tesouro, afinal, o figo assim como tâmaras, romãs, cevada, azeite e uma centena de oleaginosas eram a base da alimentação fenícia e cartaginesa há tempos imemoriais, o que torna a alimentação uma parte importante desse quebra-cabeça histórico de civilizações que pouco revelam e que permeiam nosso imaginário com histórias fantásticas.

Sempre que preparo o doce da Bisa penso no afeto que meu marido sente ao ver uma garfada da história culinária de sua família se perpetuar dentro da nossa história.

> **Ao mesmo tempo, enquanto corto os figos e aguardo a calda chegar no ponto, volto ao tradicional pensamento que os grandes tesouros de qualquer família não são dinheiro, tradição ou título...**

São suas histórias ao pé do fogão, os desabafos e soluços regados com um chá que um irmão prepara, uma sopa quente quando alguém adoece. São os figos que lembram a terra distante, uma história que se guarda porque alguém protegeu uma única receita na memória.

Não se engane. As maiores joias que você tem em sua família certamente estão em sua cozinha, na gavetinha do armário, num livreto rabiscado à mão, com erros e acertos de medida.

PS: Um detalhe lindo. Justina era brasileira. Libanês era Abrão Ismael, seu marido, conhecido como "o turco" quando a pediu em casamento em Avaré nos idos de 1900 (aproximadamente). Seu jeito de retribuir ao jovem marido todo o amor e admiração que tinha por ela foi mergulhar na culinária natal do esposo para dar mais amor de forma temperada. Virou exímia cozinheira e repassou a receita do doce — e de tudo mais que sabia — aos filhos, entre eles, Amélia, a avó do meu marido e matriarca querida, com a qual tive o prazer do convívio por uma breve mas importante passagem de nossas vidas.

Caramelo salgado da Jay

MEU DOCE FAVORITO NESTA VIDA

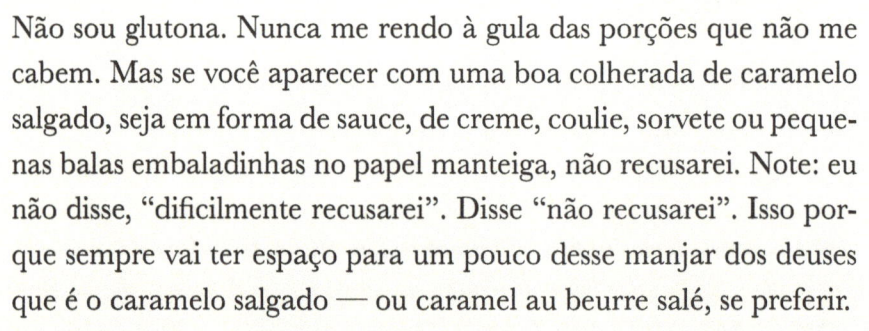

Não sou glutona. Nunca me rendo à gula das porções que não me cabem. Mas se você aparecer com uma boa colherada de caramelo salgado, seja em forma de sauce, de creme, coulie, sorvete ou pequenas balas embaladinhas no papel manteiga, não recusarei. Note: eu não disse, "dificilmente recusarei". Disse "não recusarei". Isso porque sempre vai ter espaço para um pouco desse manjar dos deuses que é o caramelo salgado — ou caramel au beurre salé, se preferir.

Ok, sei que o manjar dos deuses gregos é a ambrosia. Mas cá entre nós, só acho que a ambrosia ganhou esse status no Olimpo porque os as divindades celtas lá na região da Bretanha — mais precisamente Quiberon — é que guardaram a verdadeira receita que seria digna das autoridades celestes. Na década de 1970, o chef Henri Le Roux criou um doce de caramelo com manteiga salgada e avelã que cairia não só no gosto popular como ainda receberia o prêmio de melhor doce da França em 1980. Bem no meu ano de nascimento.

Meu fascínio pelos caramelos começou com o pingo de leite Avaré, as balas de leite da marca Kids e dos caramelos quadrados da Embaré, na infância. Os doces, porém, não eram fartos em casa e nem nunca fui uma dessas crianças que tinha dinheiro ou permissão para se esbaldar nas escolhas da padaria. Eu comprava doces no bar do seu Gentil e da Dona Thereza, na esquina de casa, e me lembro de um grande baleiro que exibia as pequenas joias de doce de leite — que para mim se destacavam entre as demais opções.

Com os poucos cruzeiros que dispunha, comprava as balas quando tinha. Cada caramelo ou bala de leite era degustada como verdadeira iguaria, respeitosamente.

Gostava de olhar vitrines dos bares e vistoriar os baleiros para ver se havia alguma novidade além dessas três citadas acima. Vez ou outra, esbarrava na embalagem vermelha da Toffe ou do pirulito Campineira Zorro. Pesquisava, analisava, comprava quando podia, degustava e comparava. Estava em busca do caramelo ideal. Ali eu já sabia que o leite queimado com açúcar seria o grande amor de minhas receitas de vida. Só não sabia que ficaria ainda mais apaixonada quando provasse pela primeira vez o creme cuidadosamente amorenado e doce com flores de sal.

E o mais legal — pelo menos para mim — é que provei minha própria receita! Já havia provado caramelo salgado em forma de sorvete, mas a calda quente, salgadinha e doce, jamais! Foi aí que encontrei uma receitinha e fiquei chocada com a facilidade de execução e ao mesmo tempo com a versatilidade da calda.

Claro que na época não usei flores de sal — dificílimas de achar. Mas o salzinho grosso passado no moedor apenas por cima do caramelo quentinho já deu o "sparkle" que eu precisava para me apaixonar perdidamente pela mistura.

Sirvo com broa de milho ou arroz-doce. Quando sobra, incorporo em uma receita de brigadeiro rápida para comermos às colheradas. Sempre tenho um potinho em casa. E, quando tem visita, deixo um pronto para presentear.

É um jeito de continuarem com a memória de nossas conversas adocicadas por mais tempo. Como já disse, demonstro amor com comida.

E acredito piamente que manifesto a magia através dessas receitinhas tão simples.

O seu melhor segredo na cozinha sempre vai estar na receita mais simples e na que tiver a sua maior dose de presença. Não se engane. Não caia nas armadilhas do ego ao cozinhar. Ego desanda qualquer receita. Ou pior: ela chega à mesa sem graça, sem sal, sem vida. Meu caramelo nem sempre sai perfeito, mas ele tem minha totalidade a cada vez que me proponho a acender o fogo para prepará-lo.

Gosto de como ele muda, acompanhando minha psique. Gosto de como ele fala por mim e traduz minha emoção e mente, à medida em que analiso se queimou demais, se queimou de menos, se devo mudar o acompanhamento dadas as características atuais.

Mas nunca perco uma receita. E assim, pensando sempre no caramelo salgado, tento com a vida.

> **Queimou, paciência.**
> **Faltou sal, improvisa.**
> **Abusou na manteiga, conserta.**
> **Mas se adoçou na medida, aproveita.**

Brigadeiro gigante de doce de leite da Jay

JUST FOR BFFS

Certas receitas simplesmente surgem. Não precisam de atenção extrema, não têm pompa, ingredientes difíceis, métodos complexos de execução. Surgem e seu preparo é bastante simples de conduzir.

Ao folhearmos o caderno pessoal de receitas, volta e meia paramos nessa folhinha amassada, com direito à ponta dobrada e rabiscos nos ingredientes. Quando menos percebemos, nos damos conta de que é uma das receitas mais especiais da vida.

É assim com certas amizades também. Histórias de pessoas que você jamais imagina convergem para a sua própria história. E, no meu caso, felizmente, a comida e a comunicação foram os primeiros ingredientes de uma amizade que nasceu temperada de bom humor e admiração.

Em 2007 comecei a trabalhar em um escritório de assessoria de imprensa em Campinas. A filha da minha diretora, Thais Raya, na época cursava publicidade e passava lá de vez em quando. Nossa amizade começou assim de cara! Dessas que você tem certeza de ser um reencontro.

Nosso humor parecido, ácido, besta e muitas vezes com um repertório de piadas não repetíveis é a base da nossa amizade, assim como o profundo respeito profissional e humano que temos uma pela outra.

A Nina — como nos chamamos por conta de bobagens que só nós duas rimos — formou-se em publicidade em 2009, passou por trabalhos rápidos em agências, mas, considerando sua inteligência perspicaz e seu espírito corajoso para negócios, aliados à sua criatividade, não era de se surpreender que abrisse sua própria agência com apenas 24 anos.

Saí da assessoria e dividíamos agora o amor pela publicidade em almoços e encontros espaçadíssimos. É assim até hoje, mas pelo menos temos o WhatsApp para mandar piadas e stickers sem graça uma para a outra, em um dia qualquer de nossas rotinas de trabalho ou férias, não importando a hora ou o conteúdo.

Por essas coincidências da vida, a Raya 3 Publicidade (olha o jabá!) começou a atender a conta de uma marca da minha cidade. Minha alegria não poderia ser maior quando Nina me contou que estava cuidando da comunicação do Gotas de Leite Avaré.

Claro que a partir daí eu tinha muito mais motivos para prestigiar o doce de leite da minha terra, afinal, agora tinha uma amiga que cuidava com amor e profissionalismo de uma marca que é parte da alma afetiva e gastronômica de todo avareense. Sempre teve a gentileza de nos contar o que estava fazendo ou planejando para o Gotas; era um jeitinho de mostrar à amiga avareense que também tinha mais motivos do que puramente comerciais para tocar o trabalho. Era amor mesmo pela história.

Assim, a Thais se tornou avareense honorária, já que acabou não só atendendo mais clientes na minha cidade, como fez excelentes amizades lá! É provável que ela vá muito mais para Avaré do que eu durante o ano — seja para negócios ou para ver amigos —, e a cada check-in dela na terra do pingo de leite sinto-me mais orgulhosa de nossos caminhos terem se cruzado e nos transportado para minha terra natal.

Em 2016, uma de suas primeiras campanhas de interação com os seguidores da marca foi pedir uma receita feita com doce de leite. Claro que de novo eu tinha muito mais que um motivo para participar: interagir com a marca da minha terra, prestigiar e incentivar o trabalho da minha amiga e dividir uma receitinha do meu caderno.

Publiquei uma receita de brigadeiro gigante de doce de leite. Acabei ganhando um kit lindo do Gotas por ter apresentado a segunda melhor receitinha da campanha.

A Thais jura por Deus, até hoje, que a escolha da minha receitinha tão simples não foi marmelada, mas de qualquer modo fiquei mais que feliz por estar perto dela, unidas agora mais do que nunca por um pingo doce da minha terra.

Por esse motivo, a receitinha do brigadeiro gigante de doce de leite é para mim uma ode à amizade.

Um brigadeiro é comida que se divide a colheradas generosas — sim, das que se põe na boca e se devolve ao prato — junto com risadas e confissões que dissolvem qualquer desentendimento e que validam a lealdade entre os que seguram o prato.

Espero que você um dia ofereça esse brigadeiro a um amigo — gigante, claro, porque brigadeiro miudinho é uma facada no coração de quem tem vontade de doce. E que você tenha amigos tão divertidos e especiais a ponto de ter uma receitinha para homenagear cada um deles.

Mostarda di Cremona da Mamel

VIBRANTE, COLORIDA E MARCANTE COMO ELA

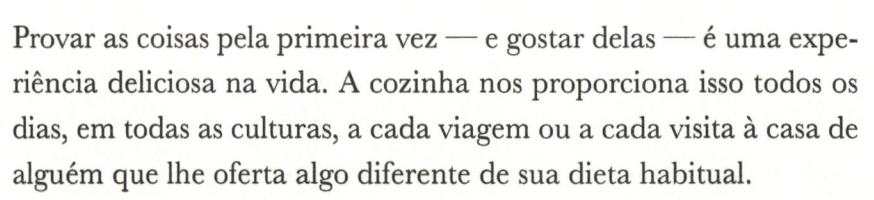

Provar as coisas pela primeira vez — e gostar delas — é uma experiência deliciosa na vida. A cozinha nos proporciona isso todos os dias, em todas as culturas, a cada viagem ou a cada visita à casa de alguém que lhe oferta algo diferente de sua dieta habitual.

Preciso confessar que não sou aventureira de sabores. Nesse quesito, o Thiago é muito mais aberto que eu. É ele quem se joga em pratos que não conhece, que busca ingredientes diferentes, que experimenta, que busca no menu os pratos que nunca provou para aumentar o seu repertório gustativo. Já eu sou a cliente que frequenta um restaurante por um único prato anos a fio. Espero sempre ser impactada por outros sentidos antes do paladar para pedir algo novo: o visual, o aroma...

E foi justamente o visual que me levou a provar esta receita que entra para o meu livro de memórias, na esperança de que você prove também, caso não conheça: a mostarda di Cremona. Em um almoço de fim de ano com a família do Thiago, sua tia Mamel — uma exímia cozinheira — me indicou a mesa de petiscos e disse "não deixe de provar a minha mostarda di Cremona".

Busquei então por uma pasta na cor mostarda pela mesa de petiscos e não encontrei. Entre queijos, pães, patês, geleias e embutidos, nada se assemelhava ao que eu tinha em mente do que seria uma mostarda di Cremona.

Em vez disso, uma travessa branca, com o que parecia um mix de frutas em calda, colorido, capturou totalmente minha atenção. Eu que nunca digo não a um bom doce em calda (e misturo doce com salgado sem a menor cerimônia) incorporei uma colherada ao prato de queijos (com uma generosa porção de mousse de queijo de cabra que estava ao lado).

> **Ao provar as frutas em calda, uma luz se acendeu na área das novas memórias. Aquele sabor acabara de ficar registrado como um dos mais deliciosos que já havia provado: a calda era doce e picante ao mesmo tempo.**

A acidez das frutas se equilibrava com a mousse de queijo de cabra tão harmoniosamente, que era difícil pensar em outra dupla que combinasse tão bem.

Naquela hora também tive um estalo: ao olhar bem para a calda, notei pequenas pérolas de mostarda em meio às frutas. E quase que no mesmo instante, tia Mamel se aproxima e me pergunta: "Gostou?". Então entendi que a mostarda di Cremona era completamente diferente do que eu imaginava (e conhecia) como mostarda.

Um universo de perguntas se criou no mesmo instante em que saboreava a receita. O que era? Por que esse nome? De onde tinha vindo? Era receita de família? Por que frutas? Por que mostarda? Bastou acabar o almoço para chegar em casa e mergulhar nas pesquisas sobre as mostardas cremonenses.

Infelizmente, poucas fontes em português explanavam sobre o assunto. As que abordavam o tema o faziam rapidamente e de forma bastante superficial. Primeiro desafio, traduzir o que encontrasse independentemente da língua e garantir que a fonte fosse a mais certeira possível.

Foi aí que quase aos quarenta anos descobri que a palavra mostarda não tinha somente a ver com a parceira do catchup. Mostarda vem do latim mustum ardens, que significa "queima de mosto ou mosto ardente". Na Idade Média, mostarda era preparada com mosto — o suco de uva não fermentado — misturado a mel e sementes de uva ou de senape (mostarda amarela). Esta palavra deu origem à palavra "mostarda" (em inglês, mustard), que teve suas variações posteriormente. Para fazer o mosto, o procedimento era aquecer e reduzir até chegar a um molho viscoso, levemente ardido e ácido que acompanhava queijos e charcutaria.

E então, pelas bandas do norte da Itália, nasce a mostarda di Cremona, uma espécie de conserva de frutas imersa nesse "mosto", mas agora feito com água e açúcar, temperado com mostarda em pó ou óleo, para igualmente acompanhar carnes e queijos. Basicamente, nasceu para conservar frutas e vegetais sazonais entre o verão e o outono, e cada região tratou de incorporar os alimentos locais ao xarope agridoce, imprimindo personalidade e misturas inusitadas às mostardas di frutti.

As receitas passam por Piemonte, Vêneto e Emília-Romanha, mas a mais conhecida é a da cidade de Cremona, na Lombardia, feita com frutas inteiras! A receita tem que ter aquele kick que só a mostarda tem: picante e amargo no final, que dê ainda aquela leve queimadinha no nariz ao respirar.

As mostardas de Milano, Vicenza e Mantova também são bem parecidas, mudando apenas o modo de preparo e toques especiais ou frutas de cada comune.

Acredita-se que a mostarda cremonense foi citada pela primeira vez em 1604 por Lancelot de Casteau, conhecido como Anseau de Chestea chef e o autor do quase mitológico Ouverture de Cuisine, frequentemente considerado o primeiro livro de receitas a ir além das receitas medievais e conhecido por codificar a alta gastronomia.

Já outros especialistas dizem que a cremonense foi citada pelo menos dois séculos antes por Martino, chef que servia à corte de Aquilea no Libro de Arte Coquinaria. Gian Galeazzo Visconti, primeiro duque de Milão, também está entre os nomes que disputam a citação primeira da mostarda cremonense, em 1397, numa carta em que pede o preparo do prato com a máxima urgência para degustá-lo.

É uma receita natalina e por ter ingredientes tão comuns sempre foi um prato que figurou na mesa dos nobres, do alto clero e de camponeses. Todos, sem distinção, tinham suas próprias receitas das mostardas di frutti.

A história por trás de cada receita — em especial receitas antigas como as mostardas — é sempre muito rica e cheia de fontes. São envoltas de histórias e estórias, são ricas de temperos, de fantasias, fontes corretas, fontes desencontradas.

Por essas e outras é que creio que os saberes sobre as receitas temperam ainda mais as experiências dos sabores. E uma receita sem história/estória não tem umami[2].

---
2 Umami representa um dos cinco gostos básicos do paladar humano.

Gazpacho da Claudia

CHIQUE E SEM FRESCURA

Gazpacho Andaluz é uma receita que deveria ser mais popular em nosso Brasil. Isso porque a sopa fria de tomate, refrescante, picante e saborosa combina com o nosso verão tanto como um bom chopp gelado no almoço de domingo.

Parece pomposa, com esse nome, mas, na verdade, é uma receita simples, honesta — complexa no sabor do mix de temperos, a meu ver — e tão fácil de acessar que basta uma rápida passada pela lista de ingredientes para descomplicar o resto. Tendo à mão bons tomates maduros, um bom azeite, pão dormido e vinho branco fresquinho, nada pode dar errado quando o assunto é preparar o gazpacho.

Comum na região Ibérica, suas variações como os deliciosos Ajoblanco e Salmonejo são excelentes opções fáceis para se fazer no verão, acompanhadas de croutons ou pães dormidos. Mas eu particularmente gosto tanto de gazpacho que nem precisa estar calor para que ele entre no cardápio, em casa. Gosto de fazê-lo no inverno também, pois nada como um bom creme de tomate e uma taça de Chardonnay bem dourado para esquentar a noite. Não se enganem, queridos. Parece chique, mas não é! Elegante e simples, sim, mas não pomposo, embora pareça. E acho que essa é a graça dele.

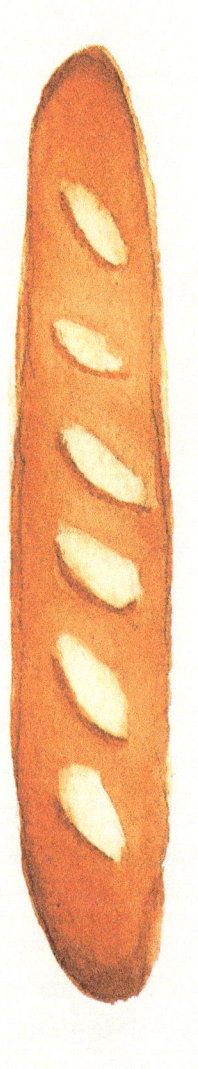

Quando exploro nossa gastronomia e busco suas influências sinto falta da manifestação espanhola mais latente. Claro que há influência hispânica em nossos pratos, mas convenhamos que paellas e tapas não estão na lista dos pratos mais consumidos no Brasil. Sentimos muito mais a presença dos espanhóis no estado de São Paulo, onde se estabeleceram, em especial nas regiões das fartas plantações de café.

O silêncio dos descendentes — cujos familiares chegaram logo depois da independência, no século XIX — talvez esteja no fato de suas almas serem gêmeas às dos brasileiros. Fundiram-se tal qual os sabores complexos e difusos de sua culinária, e separá-los ou classificá-los vira tarefa desnecessária.

Provei a primeira vez e aprendi a primeira receita com a pessoa que me abriu as portas profissionais no universo gastronômico. A brasileira mais espanhola que já conheci: sangue quente, apaixonada, viva e generosa.

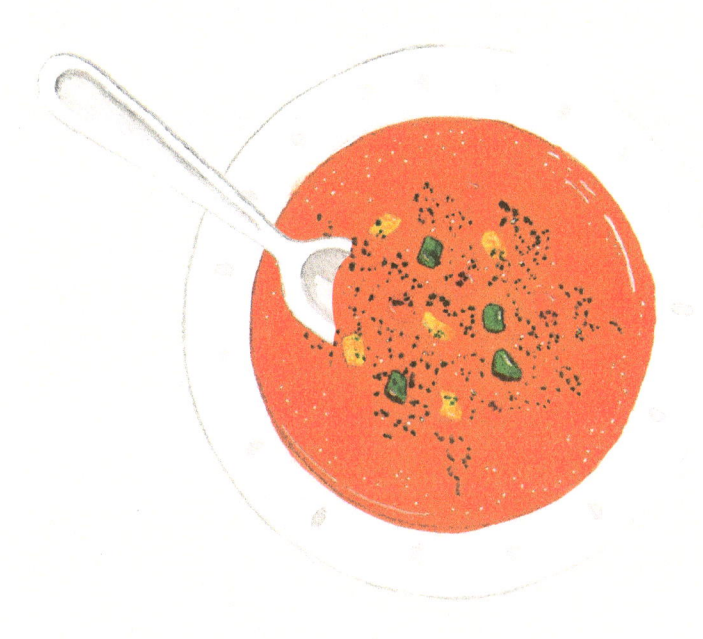

Minha diretora Claudia Castilho era dona de um escritório de assessoria de imprensa, que me deu as primeiras contas culinárias para cuidar em Campinas, em 2007, entre elas, o especialíssimo chef Théo Medeiros, Bráz Pizzaria, Expand Vinhos (atual Gallo Nero do incrível Léo Pavesi), Fogão Mineiro, Paioça (do querido Pedro Oliveira) e tantos outros restaurantes e chefs que me mostraram um mundo temperado de delícias e desafios dos negócios desse segmento.

A Claudia é uma exímia cozinheira. Sempre foi o hub gastronômico que me apresentou os lugares, pessoas e pratos mais especiais de Campinas. Conhecia cada chef, cada cardápio, cada dono de restaurante, cada detalhe de bastidores de bistrôs que haviam aberto e fechado pela cidade.

Se tinha fogo aceso e panelas fumegando, com certeza a Claudia já havia passado por lá. Seu faro para novas cozinhas e negócios logo a levaria a deixar a imprensa, para se dedicar à sua própria panela.

Assim, depois de uma longa carreira como jornalista, formou-se com louvor em gastronomia; mas, cá entre nós, acho que essa graduação para ela foi mera diversão, já que sempre foi inegável seu talento e proximidade com as cozinhas.

Trabalhamos juntas por dois anos e, embora tenhamos perdido o contato por alguns anos, nunca deixei de pensar que ela foi a pessoa que me deu a caixa de fósforos para que eu acendesse meu próprio fogão. Sempre gostei de como essa receita a representa em meu imaginário porque posso descrever ambas com os mesmos adjetivos.

Falar do gazpacho, em como ele intimida à primeira vista, mas se apresenta generoso e festivo depois, é exatamente a mesma maneira como posso descrever essa figura tão genuína, tempestiva e marcante que é minha amiga.

Claudia es la amiga que a cada cocinero le gustaría tener. Para ti, mi amiga, con especias y afecto.

Não deixe a canja morrer

O PRATO QUE RESTABELECE CORPO E ALMA

Uma das receitas que tenho notado flertar com a aposentadoria é a restaurativa canja de galinha. Por favor, manifestem-se os leitores que preparam essa receita em suas casas, de tempos em tempos. Manifestem-se, pois só o que escuto é "que saudades da canja da minha bisa, da minha vó" e noto que a receita tem estado mais presente nos buffets de sopa de padarias do que feita nos nossos próprios fogões.

Por um lado, graças a Deus. Pelo menos tem-se a canja para aqueles dias em que a gripe bate à porta e podemos comprar um pouquinho pronto e levar para casa para convalescer ao sabor da cozinha afetiva. Por outro lado, sempre penso na mão e energia do cozinheiro que a preparou.

> **Canja é uma receita tão sensível que ouso dizer que seja uma das que mais absorvem as intenções do cozinheiro, já que seu preparo é sempre intencionado para restabelecimento de quem a ingere. Canja é um prato com propósito.**

Sim, é medicinal, restaurativa, curativa e... reconfortante. Talvez porque sua origem remonte não às terras lusitanas, como se preconiza aqui desde a colonização, mas às longínquas terras chinesas onde a culinária também tem papel fundamental na medicina do equilíbrio do corpo e da mente. Alguns historiadores apontam sua origem com base no congee chinês, uma papa de arroz cozido junto com carnes ou peixes, vegetais, gengibre e especiarias.

O cozimento faria desmanchar as carnes na papa e deixá-las macias para serem ingeridas por quem estivesse em estado de recuperação de certas doenças, e ajudaria a restabelecer o sistema imunológico. A receita portuguesa é quase idêntica e tem a mesma finalidade. Mas enquanto o congee vira um creme, uma papa, as receitas portuguesas e brasileiras se distinguem pela consistência líquida, pelos outros ingredientes acrescentados e pelo arroz que não se desmancha no cozimento.

Há também a versão de Garcia da Orta, médico judeu português que viveu na Índia em meados de 1500, afirmando que a canja teria origem na Índia, na Costa de Malabar, porto de Calicute, onde Vasco da Gama teria aportado em 1492. Ali, o prato então se chamava kenji, um caldo quente e salgado ao qual os portugueses acrescentaram a galinha. Mas, seja chinesa ou indiana, a versão brasileira de canja que conhecemos chegou a nós pelas mãos dos portugueses e carrega a mesma função de nossos irmãos orientais: restabelecer e fortalecer.

Na nossa receita vai galinha desfiada e refogada com cebola e alho, antes de ser cozida com cenoura, salsinha, cebolinha e sal. Só depois é que se acrescenta o arroz ao caldo e ela vira aquela belezura líquida.

Em 2019, ano mais desafiador da minha vida, a canja foi minha fiel companheira nas refeições. O refluxo derivado do pânico e estresse não só me tirava a fome como me obrigava a por para dentro alimentos mais leves e menos estressantes ao meu organismo.

A canja chegou como um bálsamo e me nutria com leveza enquanto me restabelecia. Foi uma dieta forçada que me obrigou inclusive a escolher cada pensamento que me acompanhava nos momentos em que me sentia perdida e sem fome.

Por alguns meses, a canja foi o meu jantar, minha dieta religiosa que incluía uma rotina de sair do trabalho e passar na padaria Ricco Pane, em Sousas, para comprar um potinho e levar para casa. Sabia os horários de saída da canja fresca e sabia inclusive se havia mudado de mão nos fogões da cozinha da padaria. Vinha com uma assinatura energética que eu podia reconhecer quando tomava e me sentia mais forte em meu processo de restabelecimento físico e emocional.

Repito: a canja é um prato com propósito. Não é feita à toa. Ninguém dá um jantar comemorativo e escolhe a canja como prato principal. A canja é uma porção de votos de cura que se oferece a outro. É uma mensagem silenciosa, fumegante e temperada que diz "sare logo". É feita de forma ritualística, pois pensa-se no doente, em quem precisa daquele caldo quente que, inalado, vai descongestionar os pensamentos — além das vias nasais.

Pensa-se no alho e na cebola que vão fortalecer o sistema imunológico e dar coragem de novo para a vida. Acrescenta-se o gengibre para impedir novas infecções e resguardar a mente e o coração de produzir novos rancores. Coloca-se a carne de frango pelos aminoácidos, que auxiliam a expectorar o que foi produzido em excesso pelo corpo e o que pesa em nossa bagagem emocional.

As especiarias como alecrim e tomilho são incluídas como plus, para mostrar que o cozinheiro se importa em mostrar que a vida que lhe espera tem um sabor intenso e acolhedor.

Não deixem a canja morrer. Escrevam suas próprias receitas, levem ao fogo as águas benzidas de suas intenções para ver quem quer que seja melhor, ao final do prato. E, se você que leu esse texto é médico ou nutricionista, prescreva a canja sempre que puder, sempre que aparecer alguém no consultório que claramente precise mais de abraços do que vitaminas. Sei que não podem se envolver emocionalmente com as histórias de cada paciente — isso tornaria o trabalho de vocês mais pesaroso do que muitas vezes é.

Mas, antes dos protocolos, lembrem-se que alguém na frente de vocês tem fome. Fome de viver, de ser acolhido, de estar bem, de ser visto. Afinal, parafraseando um velho e sábio provérbio português, carinho e caldo de galinha nunca fizeram mal a ninguém.

Brownie da Sathya

BROWNIE BRASIL CANADÁ

Sabe aquelas receitinhas que casam? Foi assim com o brownie de chocolate da Sathya Santovito e meu caramelo salgado. Desde que ela se mudou para o Canadá em 2018, não tive mais a oportunidade de provar um brownie tão gostoso. Aliás, até a Sathya começar a fazer e vender esse doce, o brownie nunca esteve entre minhas sobremesas favoritas.

    O espírito empreendedor dos cozinheiros me fascina, ainda que eles nem se saibam cozinheiros. E a Sathya sempre teve uma pitada de atitude que temperava sua história. Quando resolveu morar no Canadá, muniu-se da fome de vida e coragem para desafios que

---

Releitura do Brownie de Palmer Cox por Camilla Mazzoni. Aqui e na p. 93.

só os taurinos têm e pôs-se a derreter chocolates e aprimorar uma receita que engordaria a reserva financeira para realizar o sonho. Nascia, assim de brincadeira, a Fulana do Brownie. A Sathya usou o fogo para tornar tangível sua nova fase de vida. Lembro-me da primeira vez que pediu meu caramelo. Era Dia dos Pais e ela havia começado a namorar o Marcelo. Queria arrasar na sobremesa e pediu meu caramelo, pois achava que daria certo com o bolo de chocolate que iria fazer. O resultado?

Ela exagerou no chocolate amargo e meu caramelo, que era para ter virado uma calda, solidificou no vidro e virou um doce de leite no estilo "puxa", impossível de tirar do pote sem aquecer.

A sorte é que o riso frouxo e bom humor dessa menina derrubavam — e ainda derrubam — qualquer embaraço ou situação desconcertante. Meses depois, ela pedia demissão da mesma agência de publicidade em que trabalhávamos para se jogar nos estudos em inglês e nas assadeiras que lhe levariam a Calgary. Nunca fomos amigas no período em que trabalhamos juntas, mas era de longe o atendimento júnior mais boca-dura que a empresa podia ter e uma das profissionais com quem eu mais gostava de trabalhar.

A maneira de lidar com os jobs, de se comunicar com a equipe, nossos rápidos bate-papos na cozinha mostravam sua maturidade e força. Tão jovem e tão pronta para caminhar. Deixava claro que era uma aprendiz e mostrava disposição para aprender — tanto quanto não levava desaforo para casa. Falava alto na agência, proferia palavrões, mas ao mesmo tempo mostrava respeito e autorrespeito em apenas 1,60m de cabelão e batom. Coisa de quem não precisa de máscaras para se fixar na vida. Também, pudera: seu nome significa Verdade, em sânscrito.

Entre os temperos de sua vida, a espiritualidade sempre foi a base de suas receitas. Estava aí mais um ingrediente em comum nas nossas histórias.

Acho graça de como o brownie surgiu em sua vida. Aliás, gosto das receitas cuja origem "folclórica" seja o descuido. Os americanos gostam de contar que o brownie nasceu porque uma dona de casa no Maine se esqueceu do fermento e, ao notar o erro, não quis jogar o bolo de chocolate fora. Cortou em quadradinhos a massa baixa e carregou cada pedacinho com chocolate derretido, servindo como um "doce novo". Coisas de cozinheiro esperto, diga-se de passagem.

Afinal, para se virar na cozinha, deve-se ter malícia, jogo de cintura, pensamento rápido e... criatividade para sair de situações assim. E isso a Sathya tem de sobra. Assim como o brownie americano, nascido sem querer, os brownies da Fulana também apareceram assim, sem querer, para ela. Eu, que adoro linkar as pessoas a receitas, vejo o brownie na vida da Sathya como uma organização dos planos divinos para que seguisse seu caminho.

E aí vai mais uma coisa que reforça o meu achar graça nessa história: no folclore anglo-saxão, brownie é uma espécie de duende ou elfo divertido que pregava peças e fazia atividades domésticas enquanto os humanos dormiam. São atraídos pelas oferendas que os donos da casa oferecem depois dos préstimos: leite, bolos e doces (nunca frutas, carnes ou roupas). O nome do doce americano foi justamente inspirado nos brownies do autor e ilustrador canadense

Palmer Cox (Granby, Quebec) no início do século XX, que já era bastante popular nos Estados Unidos na época.

Em seu artigo "The Origin of the Brownies" para a edição de novembro de 1892 do norte-americano Ladies' Home Journal, Cox conta que esses seres eram chamados de brownies por causa da cor marrom de seus cabelos e pele (devido à sua exposição constante a todos os tipos de clima) e também porque, na Escócia (país de origem da fábula que envolve esses seres), os cabelos vermelhos ou pretos eram muito mais comuns do que os castanhos. Só quem tinha uma visão especial podia vê-los e, ainda assim, somente durante o crepúsculo.

Uma coisa bem fofa nesse artigo também é o trecho que diz que não se consegue precisar a origem dos brownies, nem nas fábulas nem nas histórias reais, mas a versão mais delicada talvez seja a que diz que eles descendem de um bando de ladrões (o líder se chamava Brown) e que eles costumavam arrumar provisões aos necessitados. As pessoas que conheciam e simpatizavam com a "quadrilha" deixavam comida em lugares estratégicos para que coletassem e levassem aos que passavam fome.

> **Gosto de pensar que esses espíritos domésticos tenham inspirado a Sathya a levar sua alegria e beleza tropical para as terras canadenses, porque lá provavelmente precisem muito mais de sua energia e risada contagiantes.**

Falar do brownie da Sá aqui é uma prova de que boas amizades nascem de pequenas — mas poderosas — coisas em comum, independentemente da distância ou do tempo que se conhece alguém. Crescem como um bolo tem que crescer e nem sempre com uma receita seguida à risca.

A dose certa de fermento pode levar a um bolo fofo e vistoso, mas a falta dele também faz florescer no improviso a habilidade do cozinheiro, resultando num bolo muito melhor que o esperado.

E às vezes — apenas às vezes — podem até ter o dedo mágico de um brownie travesso para acontecerem.

Frango doce da Cecília

A RECEITA DE ALGUÉM QUE MAL COZINHA

Para quem acha que memória afetiva de cozinha só pode vir daquela pessoa da família que cozinha absurdamente bem, tenho algo a lhe revelar: sinto muito, mas isso não é verdade. A memória de um prato e o impacto que ele causa em você e em sua história podem inclusive vir de uma receita que você detesta — e aprende a apreciar depois — ou que lhe seja apresentada por uma pessoa que mal frequenta a cozinha de sua própria casa.

É o caso do frango doce que faço vez ou outra para o Thiago e que aprendi com a irmã que menos tem afinidade com a cozinha. A Cecília, número 1 de oito irmãos, é a pessoa que visita a cozinha de sua casa bem de vez em quando. Costuma passar cafés doces e preparar chazinhos de erva-mate igualmente açucarados sempre que estamos lá, mas nada além disso. Topa qualquer prato, qualquer ida a qualquer restaurante e não tem frescura com comida ou ambiente.

É boa de garfo, mas as panelas não são o seu forte. E assume isso sem medo de ser feliz. Admira-me muito não vê-la na cozinha hoje em dia, pois minha lembrança do arroz com feijão que ela preparava para os meus sobrinhos quando pequenos é uma das mais deliciosas. E mais ainda me surpreende saber que um dos pratos que mais fiz na vida aprendi com ela.

Sempre achei que a Cecília guardasse o trunfo da boa cozinha para si, como um superpoder que se revelaria numa situação extrema (num menu de aniversário ou num prato inesquecível de uma ceia de Natal). Mas não.

O negócio dela é sentar-se à mesa e divertir-se — mais que a maioria — com tudo que vem do forno. Prova de tudo, come devagar, não tem pressa de se servir, troca o nome dos pratos, não sabe o que está provando na maioria das vezes (o que sempre resulta em boas piadas) e acha tudo uma delícia.

A Cecília é a pessoa que todo cozinheiro quer ter à mesa: feliz e... com apetite. Não sei precisar o ano em que aprendi o truque do frango doce, mas foi numa dessas passadas rápidas em sua casa, no horário do jantar, que a vi na cozinha. O aroma inconfundível do açúcar caramelado e alho me levaram até o fogão, onde ela mexia uma panela tranquilamente, sem o menor esforço.

O cheiro estava ótimo e eu queria ver a cara do que havia na panela. Deparei-me com pedaços de frango entre asinhas e sobrecoxas. A cor dourada da carne me pegou na hora e salivei. E era um pouco estranho que um pedaço de carne me desse água na boca, já que não sou carnívora.

A minha curiosidade ali foi em como ela havia chegado naquela cor âmbar dourado tão bonita que havia me feito comer com os olhos. "Ah, só coloquei uma colher de açúcar, um pouquinho de água e fui mexendo até o açúcar queimar", respondeu simples assim. Provei e me apaixonei. Não pensei duas vezes em reproduzir a receita no dia seguinte, mesmo não sendo fã da carne. Aliás, o que havia me cativado tinha sido o truque para dar cor ao prato. A fusão do alho refogado e os cristais de açúcar havia aberto mais uma página em meu caderno de receitas.

Juntei somente as tulipas e drumets por achar mais fácil de preparar, marinei em vinho branco com meu tempero batido (alho, salsinha, sal e manjericão), refoguei até bem cozido e preparei uma segunda panela para caramelar generosamente a carne pálida da primeira panela. Cheirosa, mas pálida e sem graça de se olhar. Improvisei, óbvio, pois na época ainda não tinha a menor afinidade com caramelo. Açúcar no tacho, um fio de azeite e tinha início minha primeira experiência em um prato agridoce. Ao chegar no ponto que acertei por pura intuição — sorte de principiante — despejei todo o frango na panela do caramelo, incluindo o caldinho da marinada que ficou no cozimento, e fui esperando aquela cor aderir à carne.

Foi para mim um verdadeiro triunfo. Que orgulho daquele prato. Comecei a reproduzir o que chamávamos de frango doce com frequência. Entre uma queimada de caramelo e outra, ia aprimorando a receita e aumentando cada vez mais a quantidade. Era oficial então. O frango doce da Jay estava incorporado ao meu cookbook.

Tempos depois, já morando em Campinas, recebi minhas duas irmãs, Cecília e Nanci, durante um fim de semana. Não pensei duas vezes em preparar o frango doce e mostrar a ela que a receita aprendida tinha se transformado e ficado na família com muito amor e tempero. Ao servir as duas com uma guarnição de cuscuz marroquino de abobrinha e salada de milho, ouvi os maiores elogios e me senti a mais feliz das cozinheiras.

"Onde você aprendeu a fazer esse frango, Jane? Que diferente!", disse Cecília com os dedos lambuzados. "Com você", respondi.

A cara dela de surpresa genuína mostrava que de fato não tinha a menor ideia de que a receita poderia ter vindo dela. "Capaz!", respondeu e voltou ao prato. Passei um bom tempo argumentando com ela toda a origem do frango doce, como e quando ela havia me mostrado, como aprimorei a receita... mas Cecília nem deu bola aos méritos que eu gostaria de dar a ela.

Só importava ali se havia mais frango na panela e mais histórias para se contar durante a refeição, não importando quem tinha feito o quê. A pergunta de como ou onde aprendi foi retórica.

> **Nesse dia me dei conta de que cozinhar pode, na esmagadora maioria das vezes, ser anônimo, e um cozinheiro jamais deve tirar os méritos que são da comida. Quando se aplaude mais o cozinheiro do que o prato, tiramos a beleza do encontro.**

Esperamos sim que a receita agrade, mas o barulho dos comensais à mesa se divertindo são os elogios mais altos que podemos receber.

E à minha irmã serei sempre grata por essa reflexão tanto quanto sou grata àquela dica de açúcar queimado que ela nem ao menos se lembra de ter me ensinado.

Bourguignon da Mi

COGUMELOS BOURGUIGNON, PARA SE SENTIR NA FRANÇA

Quantos ingredientes compõem um ser humano? Milhares! Que receita complexa essa que o Chef Celeste botou no menu da Terra. Gente é apaixonante. Sei que 99% dos meus amigos vão franzir as testas e se questionarem como é que uma tríplice ariana, impaciente e assertiva, gosta tanto assim do ser humano. Explico usando a astrologia: ariano gosta de gente que se move, que começa, que faz. E esse faro para ver gente se mexendo e criando coisas novas é algo que só os nascidos sob a regência de Marte conseguem ver tão bem.

Encanta-me muito ver uma pessoa tomando as rédeas da própria vida. Talvez porque esse seja o desejo mais ardente de todo espírito e eu tenha descoberto isso passo a passo na minha vida. Aplicar essa liberdade em mim mesma tem sido um grande exercício e procuro sempre me inspirar nas pessoas que seguem esse caminho para que eu trilhe o meu próprio com alegria e coragem. Áries consegue ver no outro a centelha do movimento e a potencialidade pura para a realização de cada sonho, ainda que na maioria das vezes não consiga acessar o próprio impulso celestial. É bonito ver gente vivendo a própria história. E isso a Michele Maia, uma de minhas cozinheiras favoritas, faz como poucos.

A Mi é especialista em cozinha natural. Se não fosse os tintilar das panelas falarem mais alto, a teríamos perdido para a advocacia. Cozinha à brasileira com sotaque francês, afinal, para transitar entre SENAC e Le Cordon Bleu, esse je ne sais quoi tem que ter um dendê.

Sua cozinha sempre me surpreende por sua originalidade, capricho, escolha dos alimentos, simplicidade, respeito ao produtor local, seu olhar slow para o ato de se alimentar e viver.

Libriana carioca, arrasta os "erres" e salienta os "esses" quando repassa a lista de ingredientes em suas aulas. É leve e sorridente, mas, de avental e lenço na cabeça, deixa claro que cozinha é lugar de trabalho árduo e sério. Mostra também que é um lavoro divertido e gratificante. Não me lembro de tê-la visto desfilar de dólmã uma única vez para fazer o social de chef.

> **Sabe que cozinhar é um ato político, social, ético, cultural que se traduz no comportamento de grupos, incluindo ou excluindo membros, e impactando diretamente nosso meio. Uma libriana que equilibra o lado bom da vida com a consciência de quem sabe de suas responsabilidades.**

Suas aulas e menus são absolutamente diversificados e todos sem carne. Você pode provar desde um clássico da gastronomia europeia até os auspiciosos e temperados pratos da culinária ayurvédica. Ninguém se sente bobo ou sem graça nos workshops porque a Michele faz questão de tornar tudo simples, fácil e prazeroso, independentemente do seu nível de habilidades culinárias.

Talvez seja por isso que seus pratos mais marcantes para mim sejam aqueles cujos nomes e ingredientes pareçam dificílimos, mas que todo mundo é capaz de reproduzir em suas cozinhas e se sentir um chef trois étoile, como sua versão vegetariana do clássico guisado em vinho tinto, os Cogumelos Bourguignon.

Sou apaixonada pelo cheesecake de limão siciliano com mel e lavanda que ela faz, não me esqueço jamais do bolo de abobrinha (que comi uma única vez numa edição do Gastro Roça em Cordeirópolis/SP) e tantas outras delícias do seu cardápio em eventos, aulas ou brunches. Mas os Cogumelos com esse sobrenome tão intimidante elevaram meu livro de receitas pessoal a outro patamar desde que ela dividiu conosco essa receita em uma de suas aulas.

Os Cogumelos Bourguignon — ou boeuf para os carnívoros — é daquelas receitas de preparo longo, mas absolutamente divertidas e descomplicadas. Entre os ingredientes, um bom vinho da Borgonha. E receitas que levam vinho, já sabe: separa-se uma taça para a marinada e bebe-se o resto enquanto se prepara. Esses franceses sabem mesmo passar o tempo na cozinha.

Julia Child descreveu o prato certa vez como "um dos mais deliciosos inventados pelo homem". Concordo com ela.

Embora sua origem remonte à culinária camponesa do centro-leste francês — cujos criadores de gado charolês usavam vinho local para amaciar a carne durante o cozimento — foi a alta gastronomia do chef Auguste Escoffier que ascendeu a receita ao patamar de hoje.

Sorte a nossa. Mais sorte ainda podermos reproduzir esse guisado delicioso em uma versão veggie que não fica devendo nada à original. Se você nunca preparou algo do tipo, não se preocupe. Escolha um dia de inverno, separe os ingredientes, monte uma boa playlist de músicas francesas, abra um bom vinho tinto — fresco, não gelado — e convide amigos, pois esse preparo sempre rende porções generosas. Siga uma receita e não haverá erro.

Mexa-se. Não deixe o "e se..." tomar conta; nem na cozinha e nem em qualquer outra área de sua vida. Acate a receita equilibrada de uma chef libriana incentivada por uma escritora ariana que, assim como você, tem fome. Fome de que as coisas mais complexas podem dar certo.

Tenho certeza de que consegue. E, caso algo desande, não se preocupe. Lembre-se de que há sempre triunfo em abrir um bom vinho da Borgonha.

Feijoada da Jay

EM DEVOÇÃO A SÃO JORGE, A MELHOR FEIJUCA

Cozinhar é ritualístico. É religião. Sim, religião. De um modo bastante assertivo, a relação entre a religiosidade e a culinária de um grupo se mostra bastante forte quando precisamos dialogar sobre suas identidades. Isso independe da crença. Duvida? Acha que prática gastronômico-religiosa se restringe aos nossos irmãos das religiões afro-brasileiras? Experimente então passar pela missa de nossos irmãos católicos num domingo para se lembrar do sagrado ritual da Eucaristia, que envolve pão e vinho.

Ou, ainda, procure entender sobre as leis da Cashrut, que definem os alimentos aptos para o consumo dos irmãos judeus, cujos fundamentos estão em Levítico e Deuteronômio, na Torá Escrita. Até mesmo o não comer, o jejuar, é um forte pilar do islamismo de nossos irmãos muçulmanos. Podemos citar aqui — com pesquisas e fontes antropológicas confiabilíssimas — uma série de outras crenças e situações cujo enlace entre identidade religiosa e identidade alimentar se dá em seus fundamentos.

> **Mas quero somente que o leitor entenda como cozinhar e comer podem ser um ato de ligar-se ao divino e ao outro. Começando pelo simples fato de ser grato pelo alimento diário em nosso prato.**

Sou grata por ter nascido no Brasil, coração do mundo e pátria do evangelho, como dizem os irmãos espíritas.

Aqui, nesta terra de energia ímpar, "em que se plantando tudo dá", em que a mistura é a base mais bonita de nossa cultura, o sincretismo religioso e o gastronômico se manifestam nas cozinhas de cada boteco, casa, restaurante de luxo, ou em qualquer lugar onde se reúnam os devotos da boa-mesa. E isso aprendi do jeito mais bonito, observando os irmãos umbandistas e candomblecistas em suas belíssimas oferendas aos Orixás.

Foi justamente pesquisando sobre essa culinária tão peculiar que vi nas festas de terreiros entre infância e adolescência — que me despertavam a máxima curiosidade pelo preparo e culto — que cheguei a Ele, meu santo de devoção cujo (re)encontro não canso de agradecer. Sempre tive simpatia por São Jorge, afinal, dividimos o mês de aniversário e a comemoração. Quando criança, uma benzedeira de fala grossa disse-me enquanto passava um ramo de arruda pela minha testa antes da hora da Ave Maria: "essa aqui tem Jorge na guarda dela."

Olhei para cima e pude ver um quadro grande do Guerreiro em cima da geladeira, atrás da benzedeira. Talvez por ter sido benzida ali na cozinha eu tenha enraizado fé e comida no mesmo livro da vida.

No Brasil, as feijoadas para São Jorge, no dia 23 de abril, são famosas e tiveram seu início no Rio de Janeiro, onde acontece a Alvorada a partir das 5h. Em todo o país, Jorge é Ogum no sincretismo com as religiões de matriz africana, mas é Oxóssi na Bahia. Como o feijão preto é uma das oferendas ao orixá Ogum, não foi difícil unirmos o prato mais brasileiro de nosso cardápio às festividades do santo e orixá mais popular do país. Foi observando a movimentação dos devotos do Cavaleiro de Aruanda e suas apetitosas feijoadas brasileiríssimas que resolvi, em meados de 2005, fazer eu mesma minha oferenda respeitosa à força que me guiava, me inspirava e me nutria.

Uma pequena porção que rendeu apenas para mim e Thiago. Fui entendendo ao longo dos preparos o motivo da devoção, das feijoadas serem tão famosas, mergulhando nos estudos sobre comida e religião, até que em 2010 fiz a primeira feijoada de São Jorge para minha família. Uni todo mundo em volta de uma mesa só, em nome de um único santo que cativou a todos e, desde então, é símbolo máximo de proteção entre nós. Ele e Maria Santíssima (como gostava de invocar meu pai João Pedro).

Assim, procuramos fazer a feijoada para São Jorge em minha família todos os anos, mesmo que não seja em abril, e nos preparamos para ela como se fosse Natal. Já falhamos um ano ou outro, mas não por isso a devoção diminui. Tamanha foi a simpatia de todos pelo evento que até copiamos a estrutura com camisetas personalizadas, presentinhos para quem vem e, claro, uma feijoada dos deuses que eu mesma preparo sem modéstia ou medo de errar. Porque tudo que é feito com fé, amor e propósito não pode dar errado.

Em nossa feijoada tenho três desafios: fazer uma versão com carne saborosa, excluindo a gordura, uma versão vegetariana para minha irmã Carolina e outra sem louro para o meu irmão Amauri. Cozinhar para muita gente é isso. Aliás, gente, cozinhar para a família e reunir todos à mesa é isso. Transpor diferenças, fazer de tudo para que todos se sentem juntos depois dos problemas e desavenças terem sido sanados.

Deixar de lado o "não vou porque não como isso" e simplesmente ir porque não há obstáculos do estômago que o coração não cure. Ou vice-versa. Essa é a santidade da boa-mesa e o que me faz crer todo santo dia que a cozinha une o corpo, espírito e coração. Dividindo o pão é como passaremos a vida.

Por mais difícil que seja reunir, não desistam de convidar a todos para as suas feijoadas, almoços de família, ceias de Natal e churrascos. Vez ou outra, um não vai poder participar. Respeite isso. Não seja chato de obrigar alguém a estar num lugar que não quer. Mas mantenha seu fogão aceso, monte a mesa e permita que amigos e família cheguem por vontade própria. Faça sua parte e peça a São Jorge que no ano seguinte os lugares aumentem. Mais dia menos dia, com a maturidade da vida e o cheiro dos temperos, você vai ficar surpreso em como sua mesa vai estar completa.

Bolinho de quiabo

A MEMÓRIA AFETIVA MAIS ANTIGA

Qual o gosto de uma memória? Quanto vale a vívida sensação de acessar o passado por meio do paladar — ou acessar o paladar, pela memória — e por uma fração de segundo reviver situações que nosso inconsciente guardou cuidadosamente?

Dia desses acessei o paladar, pela memória. Talvez essa seja a lembrança mais antiga de cozinha que tenho registrada. Buscando receitas para um almoço entre amigos, esbarrei nos deliciosos e tão incompreendidos quiabos. Lembrei-me num estalo dos bolinhos fritos de quiabo cujo sabor reavivou minhas papilas gustativas e salivei por um segundo, sentindo a textura daquela fritura em minha boca.

Tinha por volta de cinco anos e esta era a primeira iguaria que provava fora dos domínios do fogão caseiro, na casa de uma família de descendentes de japoneses amigos da minha irmã Nanci. Foi na casa de Sueli e Clarice que me apresentaram aquela joia quentinha numa tarde, na rua Acre em Avaré. Uma longa mesa cheia de temperos se apresentava à minha frente. E ali, sentadinha, provei segurando com as duas mãozinhas um pedacinho do que parecia um "pãozinho" com quiabo, embebido em molho de soja.

A origem desse legume é bastante incerta, mas acredita-se que tenha sido incorporada à nossa culinária pelos escravos. Historiadores debatem sobre raízes, plantas e sementes de origem africana ou asiática que se deram bem com o nosso clima.

E o quiabo figura de forma ilustre entre elas, mesmo não ocupando lugar de destaque nos menus brasileiros. Ainda bem que a culinária mineira não o deixou de fora na criação de um de seus pratos mais tradicionais: já pensou como seria aquele franguinho na panela sem o quiabo? A Bahia, graças aos Orixás, também não deixou esse ingrediente para trás e oferece aos santos gêmeos Cosme e Damião sua melhor receita de caruru nos meses de setembro.

Quando paro para tentar me lembrar mais da casa desta família, das conversas, de outras possíveis visitas e outros detalhes daquele dia, meu cérebro me dá apenas a perspectiva infantil que torna tudo maior: a mesa, a rua, a distância, a altura das cadeiras.

Mas garante-me o aroma do óleo fumegante, o sabor da massa, das sementinhas do legume que estouravam nas mastigadas, da sede que se seguia ao sabor salgado do molho de soja. Sempre falamos em casa do tal bolinho de quiabo da Clarice e da Sueli quando o legume surgia em nossa mesa.

Meu pai tinha truques para cozinhá-lo sem "baba". Costumava picar uma boa quantidade e deixar secando ao sol numa peneira em nosso quintal, antes do preparo no fogão. Mas eu sempre gostei de como aquele "grude" se empapava ao arroz com feijão no prato.

Tentei reproduzir o bolinho usando a mesma base da receita de bolinhos de arroz e claro que fracassei. Foi só quando conheci os deliciosos tempurás que minha memória foi reavivada e lá estava o bolinho de quiabo novamente a me lembrar que existia.

Tentei de novo, usando polmes diversos, cada um de um jeito. Ora botando amido de milho, ora usando farinha de trigo, ora misturas prontas... Tudo sem sucesso. Desisti. Somente na memória, a visão daquela mesa cheia de vidros de temperos e o sabor do bolinho de quiabo provado uma única vez. Esforço-me mais para enriquecer este texto, mas sinto que ele é rico por si só, curtinho assim.

> **Guardo em meu coração a oportunidade de adentrar uma casa desconhecida, de ter sido acolhida por uma cozinha e pela oferta de algo para saborear. Maior símbolo de hospitalidade: oferecer o que se tem, dividir, compartilhar.**

Escrever sobre pequenas rodelinhas de quiabo frito numa memória longínqua, porém apetitosa, faz-me pensar no ikigai, o conceito japonês de viver a realização do que se espera. Penso em minha razão de ser e no quanto cada palavra escrita me consolida neste propósito.

Em cada fio de pensamento cuja ponta me mostre um único parágrafo de receita perdida no tempo e espaço da vida, ali está minha forma de viver mais e melhor.

Sou grata aos bolinhos cujo sabor provei uma única vez. Hoje, mais de 35 anos depois, foram eles que puxaram as letras e os sabores dessa memória que escrevo com tanto respeito e apetite.

Escondidinho da Jay e do Thiago

EMPÓRIO SÃO JORGE, SEU MENU E CONVIDADOS IMAGINÁRIOS ILUSTRES

Adoro comida de botequim. Gosto mais ainda quando há variações brasileiríssimas respeitando gosto, região, cultura ou simplesmente o que se tem na geladeira.

E quando penso num prato que preenche esses requisitos, imediatamente me vêm à mente os suculentos escondidinhos. Seja com base de macaxeira, batata branca, fit de abóbora ou batata doce, vale tudo quando a intenção é montar esse prato que é paixão nacional.

Eu e Thiago costumamos fazer em casa uma receitinha que sempre faz sucesso e que batizamos de Escondidinho São Jorge. Explico: quando começamos a dividir a devoção e os sonhos gastronômicos, nasceu o primeiro empreendimento culinário, cujo funcionamento se dava em devaneios e se estendia à sala de jantar de nosso apartamento, para bem poucos amigos.

Nascia o Empório São Jorge, um boteco e empório na sala de casa, num apartamento bem fofo e aconchegante na Major Solon do Cambuí, mas pequeno — o que reduzia bem o número de "clientes". Brincávamos que era o treino para quando abríssemos um lugar maior. Os amigos entravam na brincadeira e perguntavam se precisava de reserva. Assim, engordávamos o sonho.

Afinal, se não havia dinheiro para montar uma cozinha e salão lindos, com um São Jorge de ferro iluminado à porta, chopp gelado, menuzinho de boteco, ampla área verde e samba na playlist, pelo menos havia dinheiro para uma receita que seria o carro-chefe da casa que um dia teria mesas vips para quem tivesse provado os quitutes primeiro em nosso apartamento.

Reservas de famosos devotos de Jorge, como Zeca Pagodinho e Alcione, também estavam nos planos do universo onírico. Pois é. A gente sonhava. Sonhava e ainda botava na mesma mesa Maria Bethânia e Maria Augusta Machado, dividindo um chopp enquanto falavam do Cavaleiro de Aruanda na nossa cultura.

Foi a primeira receita que eu e Thiago fizemos juntos. Até então, eu fazia minhas receitas e ele, as dele; refeições completas, deliciosas, cheias de amor e personalidade, mas não havíamos feito nada que casasse duas especialidades num prato só. Foi só quando decidimos "abrir" o Empório em nossa sala que nos unimos para trabalhar na cozinha.

Entrei com o meu purê de batatas (cheio de alho frito e manteiga) e ele entrou com os refogados de carne, camarão e legumes. O toque final foi uma camada de cream cheese gratinado no topo com as saborosas pimentas-biquinho para finalizar.

Nunca usamos carne-seca como manda a tradição nordestina, mas as versões vegetarianas ganharam os deliciosos recheios de legumes diversos e até a jaca verde temperada e desfiada no lugar do peito de frango entrou na dança.

Talvez o seu primo mais antigo, o francês *hachis parmentier* (cuja receita foi registrada por Auguste Escofier em 1903) não entenda bem a variedade brasileira de bases e recheios, mas tenho certeza de que reconhece o parentesco com nosso escondidinho. Nunca tinha me dado conta do quão importante era o escondidinho que eu e Thiago fazemos juntos até começar a selecionar as receitas para este livro.

Aliás, o Escondidinho São Jorge foi uma das últimas a entrar justamente porque era muito simples, feito com sobras e "retemperos", quase sem história...

Só me dei conta de sua importância quando comecei a me lembrar de nossa cozinha no apartamento, da conversa com fome depois de duas taças de vinho sem ter planejado nada para jantar, da busca pelas batatas na geladeira e pelo que tinha de recheio para usar na receita. "Já fez escondidinho?", perguntei. "Não, mas não deve ser difícil", respondeu o Thiago, saltando do sofá. Incrível como a fome e o vinho tornam qualquer pessoa apta a cozinhar.

Sabe aquela sensação boa de time formado, de dupla de trabalho de escola, de par de quadrilha junina, de dupla de job em agência? Para nós foi isso. A confiança na parte de cada um para assegurar um trabalho completo. "Faz o seu purê e eu refogo o recheio", me disse no entusiasmo da cozinha. Mesmo como casais, namorados, amantes ou amigos, essa sensação de parceria nem sempre aparece na vida a dois. E com a gente foi sincronicidade pura.

O Escondidinho São Jorge para nós revelou muito mais do que capacidades culinárias em equipe, naquele dia, ainda que com uma receita simples.

> **Tornou claro que poderíamos preservar nossas individualidades e ainda sim caminharmos juntos, respeitando o talento e espaço que cabe a cada um.**

Revelou que a verdadeira parceria se dá como uma dança numa cozinha pequena, em que o movimento final de um dá início ao movimento do outro. Um balé à base de fogo, nem sempre tão sincronizado, mas cuidadosamente temperado, desmedidamente apaixonado e prazerosamente saboreado.

Bolo de banana da Néia

UM BOLO PARA CHAMAR DE "PRESENTE DE IRMÃO"

Um bolo de banana com canela é um presente riquíssimo. Uma joia culinária. Um ato de carinho de quem quer que o sentimento tenha gosto. Acho uma receita bastante cara, bastante rica e especial. Pudera. Afinal, leva canela, especiaria que um dia já foi moeda, motivo de navegações ao Oriente em busca desse sabor tão especial.

Tamanho era seu potencial exótico e difícil aquisição em séculos passados que a canela era usada para pagar dotes, impostos e heranças. E, ao menos para mim, continua tendo valor e status de tesouro. Juntar esse ingrediente lendário ao maior símbolo da culinária afetiva, o bolo, a massa doce e fofa assada que acompanha chá ou café, acolhe e alimenta a alma só de pensar. Acrescentamos as alegres bananas brasileiras cuja ascendência asiática abençoa a doçura da receita, levamos ao forno e pronto: temos aí — como disse — uma receita bastante cara, rica e especial.

Amo o perfume da canela que se espalha pelo ar quando aquecida. Amo como sua presença esquenta e acolhe, em qualquer receita feita com açúcar e afeto por quem nos ama. Sempre digo — e não me canso de dizer — que tenho muita sorte. Sorte em conseguir enxergar o quanto de amor, afeto e açúcar existe em minha vida. E prestando atenção nesses ingredientes ganhei uma amiga-irmã que faz o melhor bolo de banana.

A Néia Frederico é um sopro de canela doce em minha vida. É a boa-venturança em forma de vizinha no condomínio onde moro em Sousas, um distrito rural de Campinas. Nosso (re)encontro nesta vida se deu pela querida Fabiana Cabrine, que conheci anos atrás ao atender o Empório Naturale.

Certa vez, tomando um café para atualizar a vida, contei à Fabi onde estava morando e ela mais que depressa me respondeu: "Conheço lá! Minha melhor amiga mora lá na rua tal". Era a mesma rua de minha casa. Não demorou até que Fabi nos apresentasse e deixasse a coincidência guiar nossa futura amizade. Néia virou a vizinha para quem eu gritava para perguntar se havia eletricidade na rua depois de uma chuva, para quem levava um pouquinho de caldo quente nas provas das receitas, para quem pedia mesas e cadeiras emprestadas para os jantares em casa... Até decoração da casa dela já veio para a minha, em dia de evento.

Ela que já me dava tanto, um dia, na semana de meu aniversário, apareceu com um bolinho redondo pequenino, perfumado e embrulhado de presente. Banana, canela e uma massa fofinha. Que joia. Que carinho. São atitudes assim que desmontam minha armadura ariana e ganham a minha alma. Lembro-me de ter comido vagarosamente o pequeno bolo para que ele durasse a semana inteira.

Era uma tentativa de manter palpável e palatável o carinho dispensado a mim em um presente tão singelo. Nutri-me de amizade e gratidão ao comer cerimoniosamente aquele bolo. Foi um dos melhores presentes de aniversário naquele ano.

Ao longo de nossa amizade descobrimos uma vida em comum e descobri uma bruxinha amorosa, cozinheira e forte, ao meu lado. Sua paixão pelos aromas, pelo reiki, sua retidão de caráter, sua honestidade, maturidade, projetos e doçura me inspiram. Só de saber que ela está a poucas quadras de mim (já não moramos na mesma rua), sinto ter uma família por perto. Sua generosidade é tão grande que ela nem faz conta de me emprestar um pouco de amor e carinho quando preciso de colo de irmã ou de favores de vizinha.

Quando penso em minhas irmãs, automaticamente a Néia aparece ao lado delas e, embora não as conheça pessoalmente, tenho a mais plena certeza de que a farão tão parte da família quanto eu faço. Pedir a ela seu bolo de banana de vez em quando é meu modo de dizer que a quero sempre em minha vida. É meu jeito de dizer que tenho saudades, uma desculpa para mandar um áudio longo para que me fale de seus dias, sonhos, ideias, conquistas, dividir dores e risadas de uma semana longa.

> **Os amigos-família são os ingredientes mais importantes da vida, nobres e especiais. São itens raros de uma receita que se faz com cuidado, destreza e atenção, não para fugir de falhas, mas para se demonstrar respeito ao processo e intenção do resultado.**

São caros não pelo que custam, mas pelo que entregam. Um bolo de banana com canela tem os ingredientes mais simples e fáceis de encontrar. E ainda assim é uma das receitas mais ricas que tive o privilégio de provar.

À Néia serei sempre grata por ter-me feito provar o sabor da irmandade nas garfadas tão doces de seu bolo de banana com canela.

Risoto PAN

ARROZ COM MOLHO E FRANGO PARA VOLTAR AOS TEMPOS DO RECREIO

Todas as receitas e memórias que compõem esse livro apresentaram-se a mim uma a uma desde que me sentei pela primeira vez para começar a escrever. Embora eu tivesse pronta uma lista de 23 receitas sobre as quais gostaria de falar, as memórias tiveram vida própria e foram se apresentando à medida em que eu abria minha caixinha de lembranças e o coração para resgatá-las.

A lista mudou. Da primeira até a última receita. Umas novas apareceram, outras antigas se sobrepuseram a velhas memórias. Histórias das quais eu nem me lembrava foram trazidas à tona pela lembrança de um gosto. Lembrei-me de pessoas, de situações, de risadas e de alguns choros.

Ao buscar a comida de minha história, deparei-me com sonhos, pecados, curas, erros e acertos da vida até meus quarenta.

Foi revisitando receitas da adolescência que deparei-me com uma que fazia minhas quintas-feiras no colégio mais saborosas.

Na verdade, foi o sabor que tornou o último ano do colegial em 1997 menos amargo, já que naquele ano — mesmo sem querer admitir — eu me despediria de uma fase importante. Naquele ano, os amigos que estudavam juntos desde o primário tomariam rumos diferentes.

Alguns iriam para a faculdade, outros continuariam na cidade, outros se casariam ainda bem jovens, outros colocariam uma mochila nas costas e sairiam em busca do que ainda não estava na internet.

De um dia para o outro, dávamos passos para diferentes rumos. Talvez por esse motivo, já sabendo o quanto tudo mudaria, é que os alunos de qualquer terceiro colegial passavam tanto tempo juntos: brigando, comemorando, namorando, rindo, disputando, arrumando motivos para ficarem próximos a cada dia. O fim do ano letivo — o último — estava perto.

Não sei se foi exatamente assim que aconteceu, mas minha memória me mostra a turma do 3º B sentada em uma das extensas mesas do pátio em frente a cantina, às quintas-feiras, durante o intervalo, comendo risoto.

Na verdade, chamávamos de risoto, mas era um arroz com frango, molho de tomate e ervilha. Um arroz de cor laranja servido em prato de plástico marrom. Deixávamos a cantina de lanches pagos do outro lado do pátio para nos sentarmos ali e saborearmos juntos aquele prato que, muito provavelmente, nenhum de nós comeu depois de 1997.

Às quartas-feiras, era dia de pão e chá preto ou pão e sopa, e era o dia mais movimentado da cantina, mas é do arroz com frango às quintas que me lembro mais. No menu da merenda do colégio público ainda estavam polenta com molho, sopa de macarrão, sopa de feijão, arroz doce e cachorro-quente, ou frutas, em dias especiais. A alimentação no âmbito escolar tem uma função absolutamente importante e socializadora em nossa construção.

Se nosso primeiro contato social com o alimento é a família, com o leite materno a nos prover a primeira estrutura de energia e nutrição, a escola é o segundo e não menos importante momento para essa formação acontecer. A hora do recreio é a hora da partilha, da pausa conhecida para matar a fome, de conhecer os sabores fora do seio familiar, de ser introduzido a novos temperos e a novos comportamentos frente à comida.

Só hoje, 24 anos depois, entendo por que aquele prato me era tão saboroso, por que as colheradas eram tão esperadas. Ao lembrar dele, vejo minha turma do 3º B reunida em um momento da vida tão auspicioso. Vejo-me transportada para aquele pátio e penso no que diria a eles se tivesse a chance de voltar no tempo. Eu diria: lambam o prato.

Aproveitem cada minuto juntos, não pela tristeza de que tudo é passageiro, mas pelo sabor e beleza do mesmo motivo. Preservem suas amizades como ingredientes especiais de uma receita de vida, riam enquanto cozinham, briguem, falem mais uns com os outros ao longo das décadas — em especial se morarem na mesma cidade — para que essas memórias não embolorem num armário escuro do passado.

Lembrar do risoto é pôr para dentro uma colherada boa de jovialidade na minha alma. É ouvir as risadas sinceras e despreocupadas de quem tem o mundo e ao mesmo tempo não tem nada. De entender a estrutura das relações e das amizades que perduram em minha vida e do carinho que tenho por cada um daquela mesa. De saber que sem aquele momento, eu não estaria aqui a temperar a vida, filosofando pela comida.

Às grandes cozinheiras e copeiras da época da cantina do Industrial em 1997, meu mais sincero obrigada, por temperarem essa memória tão querida e importante de minha vida.

Aos amigos de colégio, meu convite de casa e cozinha sempre abertas para um risoto, quando quiserem sentir o tempo voltar.

Receitas

| **126**
Sopa de legumes da Nan

| **127**
Queijadinha da Aninha

| **128**
Red Velvet

| **130**
Torta Capixaba da Vó Vana e da Flávia

| **131**
Rocambole da Rê

| **133**
Sanduíche de tomate com linguiça

| **134**
Doce de figo da Bisa Justina

| **135**
Caramelo salgado da Jay

| **137**
Brigadeiro de doce de leite

| **138**
Mostarda di Cremona

| **139**
Gazpacho

| **141**
Canja de galinha

| **142**
Brownie

| **143**
Frango doce

| **145**
Cogumelos Bourguignon

| **146**
Feijoada da Jay

| **149**
Bolinho de quiabo

| **150**
Escondidinho de costela bovina com purê de batatas e cream cheese

| **152**
Bolo de banana da Néia

| **153**
Risotão de frango

Sopa de legumes da Nan

INGREDIENTES

- 3 batatas
- 2 cenouras
- 4 mandioquinhas
- 150 g de vagem
- ½ cebola
- 4 dentes de alho, picadinhos ou amassados
- 350 g de macarrão cabelinho de anjo
- Pães cortadinhos
- 2 litros de caldo de sua preferência (carne, galinha ou legumes)

MODO DE PREPARO

1. Numa panela de pressão (das grandes) coloque azeite, alho bem amassadinho e cebola bem picadinha, bem miudinha. É o que vai deixar a sopa mais saborosa!

2. Coloque os legumes picados, refogue bem. Em seguida, coloque o caldo, seja de galinha, legumes ou carne, já quente.

3. Tampe a panela. Depois que começar a pressão, abaixe o fogo e conte de 20 a 30 minutinhos no fogo baixo.

4. Abra a panela, acerte o tempero e coloque o macarrão cabelinho de anjo. Tampe a panela por cinco minutos novamente. Desligue. "Depois, partimos pra fila e comemos todos juntos. Que coisa boa!" — palavras da cozinheira.

Queijadinha da Aninha

INGREDIENTES

- 400 ml de leite
- 100 g de coco ralado (fresco, se possível)
- 100 g de parmesão ralado (fresco, se possível)
- 4 ovos
- 2 colheres bem cheias de farinha de trigo
- 1 colher de margarina
- ½ copo de açúcar refinado (use um copo de requeijão como medida)

MODO DE PREPARO

1. Bata todos os ingredientes no liquidificador.
2. Despeje a mistura em uma assadeira untada e leve ao forno preaquecido a 180 °C por 30 a 40 minutos.
3. Ela vai ficar um pouco mais molhadinha que um bolo comum. Use um palito para saber o ponto de assado e fique atento ao tempo de forno, já que em cada um pode levar mais ou menos tempo.
4. Depois de assado, desligue o forno e deixe esfriar ali dentro mesmo. Se preferir servir quentinho, aconselho esperar cerca de 20 minutos para cortar e retirar da assadeira. Desse modo, a queijadinha ficará mais firminha.

Red Velvet

INGREDIENTES DA MASSA

- 1 xícara de chá de leite
- 1 colher de sopa de suco de limão
- 1 ½ xícara de chá de açúcar
- 100 g de margarina culinária
- ½ xícara de chá de óleo
- 3 gemas de ovo
- 2 ½ xícaras de chá de farinha de trigo
- 1 colher de chá de chocolate em pó
- 1 colher de chá de aroma de baunilha
- 5 colheres de chá de corantes alimentícios em gel, vermelho
- 1 colher de sopa de fermento químico em pó
- 3 claras de ovo batidas em neve

MODO DE PREPARO

1. Misture o leite com o limão e reserve.
2. Preaqueça o forno na temperatura média (180 °C).
3. Na batedeira, bata o açúcar com a margarina, o óleo e as gemas, até obter um creme leve.
4. Diminua a velocidade da batedeira e adicione os ingredientes restantes.
5. Coloque em uma fôrma redonda (25 cm de diâmetro) com fundo removível, untada e enfarinhada.
6. Asse por cerca de 50 minutos ou até que, ao espetar um palito, ele saia seco. Desenforme o bolo morno.

INGREDIENTES DO RECHEIO E COBERTURA

- 1 tablete de manteiga (200 g)
- 500 g de açúcar de confeiteiro
- 300 g de cream cheese
- 1 colher de chá de aroma de baunilha
- Raspas de limão

MODO DE PREPARO

1. Na batedeira, bata a manteiga até amolecer.
2. Aos poucos, junte o açúcar de confeiteiro e metade do cream cheese. Bata, até que fique bem liso.
3. Adicione o restante do cream cheese, a baunilha e as raspas de limão e bata, até ficar homogêneo.

MONTAGEM

Depois do bolo desenformado e frio, corte-o em 3 camadas iguais. Recheie e cubra todo o bolo. Mantenha em geladeira e sirva em temperatura ambiente.

Torta Capixaba da Vó Vana e da Flávia

INGREDIENTES

- 3 ovos
- 30 g de alho picado
- 50 ml de azeite
- 30 g de azeitona verde inteira (sem caroço, se possível)
- 30 ml de suco de limão
- 30 g de cebolinha verde picada
- 200 g de palmito picado
- 700 g de bacalhau desfiado
- 200 g de tomate picado, com pele e sem semente
- 100 g de cebola picada
- 1 colher de chá de óleo de urucum
- Sal e pimenta do reino a gosto

MODO DE PREPARO

1. Refogue a cebola e o alho e adicione o palmito. Reserve. Faça o mesmo com o bacalhau: refogue-o com azeite e alho e reserve.
2. Bata as claras em neve, incorpore as gemas e adicione parte da mistura ao bacalhau e ao palmito, com os demais ingredientes (tomate, salsinha, urucum e limão).
3. Coloque essa massa em uma panela de barro e leve ao forno por 40 minutos até secar bem.
4. Retire do forno e coloque o restante das claras em neve batidas com as gemas por cima.
5. Finalize com cebola em rodelas e as azeitonas.
6. Deixe assar até dourar.

Rocambole da Rê

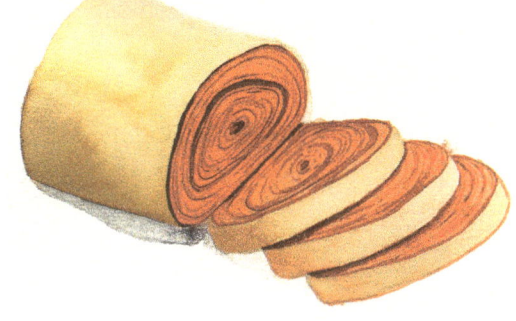

INGREDIENTES

- 6 ovos (claras separadas)
- 1 xícara de açúcar
- 1 xícara de farinha
- 1 colher de sopa rasa de fermento
- Açúcar de confeiteiro para polvilhar
- Leite morno para montagem
- 1 lata de leite condensado

MODO DE PREPARO - MASSA

1. Bata as claras em neve.
2. Com a batedeira ligada, acrescente devagar as gemas, uma a uma.
3. Adicione o açúcar aos poucos e desligue.
4. Coloque a farinha peneirada, mexa delicadamente e adicione o fermento.
5. Transfira a massa para uma assadeira untada e espalhe com uma colher ou espátula.
6. Leve ao forno para assar por 15 a 20 minutos ou até que a massa comece a dourar.

MODO DE PREPARO - RECHEIO

1. Coloque a lata em pé na panela de pressão (sem o rótulo de papel).
2. Cubra a lata com água e leve ao fogo. Assim que pegar pressão, abaixe o fogo e deixe por 40 minutos.
3. Ao retirar da panela, deixe a lata esfriar completamente antes de abrir.

> ### NOTA:
>
> Tome sempre cuidado ao manusear panelas de pressão, ok? Se não tem o hábito de mexer nesta panela, peça ajuda a alguém mais experiente.

MONTAGEM DO ROCAMBOLE

Use um pano de prato limpo umedecido, estique sobre uma superfície de trabalho e polvilhe com açúcar comum. Retire o bolo do forno e vire sobre o pano. Regue o bolo ainda quente com um pouco de leite morno. Espalhe o doce de leite (ou geleia, outro recheio de sua preferência) em uma camada uniforme. Vá erguendo o pano devagar e enrolando o bolo. Depois de enrolado, transfira para um prato de rocambole e polvilhe com o açúcar de confeiteiro.

Sanduíche de tomate com linguiça

INGREDIENTES

- 2 pães amanhecidos (mais molinhos)
- 2 tomates
- ½ cebola branca
- 2 gomos de linguiça tipo toscana
- Curry
- Orégano
- Sal

MODO DE PREPARO

1. Com os tomates e a cebola, faça uma saladinha temperada com sal e orégano. Importante que os tomates e a cebola estejam picados em cubinhos como um vinagretinho, mas com pedaços maiores.
2. Em uma frigideira, frite os dois gomos de linguiça com uma colherzinha de banha.
3. Quando as linguiças estiverem quase fritas, corte-as ao meio e frite-as um pouco mais agora abertas.
4. Quando já estiverem quase tostadinhas, corte-as grosseiramente em pedaços.
5. Finalize com uma pitada de curry.
6. Coloque a linguiça e os tomates no pão amanhecido e corte o pão ao meio, na transversal.

Doce de figo da Bisa Justina

INGREDIENTES

- 250 g de figo turco seco picado
- 100 g de nozes picadas
- 1 colher de café de erva-doce
- Suco de 1 limão tahiti
- 1 xícara de açúcar cristal
- 400 ml de água

MODO DE PREPARO

1. Prepare uma calda fina com a água e o açúcar: leve os dois ingredientes ao fogo, com a erva-doce, até chegar no ponto de fio fino.
2. Neste ponto, incorpore o figo turco picado e mexa por 3 ou 4 minutos. Se achar necessário, acrescente mais água para não deixar muito grosso.
3. Acrescente o suco de limão.
4. Retire do fogo e incorpore as nozes.
5. Deixe esfriar fora da geladeira.
6. Sirva com sorvete de creme ou de limão.

Caramelo salgado da Jay

INGREDIENTES

- 2 xícaras de açúcar cristal
- ½ xícara de água
- 200 ml de creme de leite fresco (mas, se não tiver, pode usar o de caixinha*)
- 60 g de manteiga salgada
- 2 pitadas de flor de sal para finalizar

MODO DE PREPARO

1. Em uma panela grande, coloque água e açúcar e misture até que o açúcar se dissolva.
2. Em seguida, limpe com um pincel os respingos da mistura na bordas da panela, pois isso evita a cristalização.
3. Cozinhe em fogo alto-médio, sempre observando.
4. Quando o açúcar chegar na cor âmbar, gire a panela suavemente, para garantir que o açúcar cozinhe uniformemente.

* Se for usar o creme de leite em lata, lembre-se de descartar o soro.

5. Adicione a manteiga fria cortada em cubos e mexa até incorporar. A manteiga fria reduzirá a temperatura do caramelo e ajudará a incorporar o creme de leite.
6. Aqueça um pouco o creme de leite (pode ser no micro-ondas) para o choque não ser tão grande com o caramelo quente.
7. Incorpore-o, mexendo com um fouet.
8. Finalize com flor de sal e deixe esfriar para servir.

> **NOTA:**
>
> Alguns cozinheiros não gostam de usar espátulas ou colheres para mexer o açúcar, dizendo que a mistura pode cristalizar. Confesso que já fiz dos dois jeitos e ambos já deram certo e errado. Faça os testes e receitas diferentes.
>
> Cuidado também com as temperaturas. Mantenha uma travessa de água gelada por perto. Caso espirre açúcar quente em sua mão, pode mergulhar rapidamente na água fria e impedir que queime a pele tão profundamente.

Brigadeiro de doce de leite

INGREDIENTES

- 1 lata de leite condensado
- 100 g de chocolate branco
- 300 g de doce de leite
- 1 colher de sopa de manteiga com sal

MODO DE PREPARO

1. Leve ao fogo médio, em uma panela média, o leite condensado e a manteiga. Mexa até aquecer um pouco.
2. Adicione o chocolate branco e vá apurando o brigadeiro.
3. Quando estiver bem próximo do ponto tradicional — soltar do fundo da panela — incorpore o doce de leite e mexa até dar o ponto.
4. Coloque em um prato untado para não grudar e deixe esfriar.
5. Faça bolotas bem grandes do brigadeiro para enrolar: pode usar uma colher grande de sopa. A ideia é que ele fique grandão mesmo!
6. Passe no açúcar cristal para servir.

> **NOTA:**
>
> Deixe a massa descansar de um dia para o outro, fora da geladeira, para enrolar.

Mostarda di Cremona

INGREDIENTES

- 400 g de frutas glaçadas diversas (costumo dividir em 100 g de pêssego, 100 g de figo, 50 g de kiwi, 50 g de pera ou maçã e 100 g de cerejas, mas você pode escolher as que mais gostar e encontrar)
- 1 pimenta dedo-de-moça cortada ao meio, sem sementes
- 2 colheres de sopa de mostarda em grãos
- 4 xícaras de água
- 2 xícaras de açúcar

MODO DE PREPARO

1. Leve a água e o açúcar ao fogo para preparar uma calda fina. Coloque junto os grãos de mostarda e a pimenta. Não precisa engrossar muito.
2. Quando chegar no ponto de fio, incorpore as frutas aos poucos e retire do fogo. A quantidade de calda vai do gosto de cada um. Eu gosto de deixar a calda rala e abundante para que as frutas fiquem imersas na travessa.
3. Tire do fogo, deixe esfriar naturalmente. Cubra com papel filme depois de frio e leve à geladeira.
4. Antes de servir, deixo fora da geladeira por 1 hora mais ou menos para "quebrar" o gelo da calda e ficar mais gostosa.
5. Fica ótima com queijos diversos, em especial brie, frios, carnes e peixes.

Gazpacho

INGREDIENTES

- 8 tomates maduros
- 1 pepino japonês
- 1 pimentão vermelho
- 1 pão francês amanhecido
- 2 dentes de alho
- 1 copo de vinho branco de sua preferência
- ½ cebola roxa
- Azeite quanto baste
- Sal e pimenta-do-reino a gosto

MODO DE PREPARO

1. Primeira coisa, dentro do próprio copo do liquidificador: coloque o pão amanhecido em pedaços e adicione o vinho branco para embebê-lo por completo. Reserve.
2. Enquanto o pão descansa no vinho, aqueça água em uma panela grande para pelar os tomates.
3. Use um corte em cruz na base de cada tomate e jogue-os todos na panela quando a água estiver bem quente. Deixe apenas de 1 a 2 minutos, pois a intenção é fazer soltar a pele.
4. Tire da água quente e coloque em uma vasilha com gelo para esfriar ou simplesmente deixe esfriar naturalmente.
5. Tire as peles, puxando as pontinhas que vão estar soltas, depois de terem passado pela água quente.
6. Em paralelo, toste o pimentão vermelho direto no fogo.

7. Pique, retire as sementes e coloque no liquidificador, com o tomate picado, a cebola e os dentes de alho.

8. Acrescente uma quantidade generosa de azeite para ajudar a bater a mistura (a gosto). Bata os ingredientes até obter um caldo grosso.

9. Vá acrescentando o vinho branco e a própria água usada para pelar os tomates até obter a textura desejada (mais grossa ou mais ralinha).

Sirva com um vinagretinho de cebola roxa com tomate, pepino e canela, croutons e uma boa taça de vinho branco.

> **NOTA:**
>
> Eu gosto de tomar o gazpacho quentinho, na verdade, e logo que sai do liquidificador levo ao fogo novamente para apurar um pouco e calar os sabores. Mas ele pode ir direto do liquidificador para a geladeira e depois... para o seu prato, geladinho!

Canja de galinha

INGREDIENTES

- 1 peito de frango cozido e desfiado
- 1 litro de água quente
- 1 xícara de arroz já cozido
- 1 ½ cebola picada
- 1 cenoura ralada
- 2 dentes de alho amassados ou picados
- 1 lata de milho verde
- Azeite
- Salsinha e cebolinha
- Sal

MODO DE PREPARO

1. Numa panela, refogue o alho e a cebola com o azeite.
2. Acrescente o frango desfiado e vá adicionando o sal e os temperinhos que gostar mais. Aproveite para ir testando seu paladar!
3. Refogue bem o frango e deixe dar uma tostadinha para pegar mais sabor.
4. Acrescente a água e a cenoura ralada. Tampe e deixe por 10 minutos em fogo brando.
5. Acrescente o arroz, a salsinha e o milho em conserva. Se precisar de um pouco mais de caldo, acrescente água quente (de preferência use o caldo de galinha que usou para cozinhar o frango).

Brownie

INGREDIENTES

- 5 ovos
- 1 ½ xícara de chá de açúcar
- 250 g de chocolate meio amargo picado
- 100 g de chocolate ralado grosseiramente
- 1 xícara de chá de farinha de trigo (sem fermento)
- 3 colheres de sopa de manteiga com sal, em temperatura ambiente
- ½ xícara de chá de cacau em pó
- 1 colher de chá de fermento químico
- 1 colher de sopa de essência de baunilha

MODO DE PREPARO

1. Numa tigela média, misture a farinha, o chocolate em pó, o sal, o fermento e o açúcar.

2. Em paralelo, derreta a manteiga e o chocolate picado no micro-ondas ou em fogo baixo, como preferir e achar mais rápido.

3. Despeje na mistura de farinha e mexa.

4. Junte o chocolate ralado, a baunilha e os ovos (um a um). Mexa até obter uma massa homogênea.

5. Coloque a massa numa assadeira quadrada e leve ao forno por 30 minutos ou até que o brownie esteja firme. Ele não precisa estar sequinho. A ideia é que ele chegue no ponto firme e úmido por dentro. Faça o teste do palito para ver o ponto da massa assada.

6. Deixe esfriar, corte em quadrados e sirva com doce de leite ou com caramelo salgado.

Frango doce

INGREDIENTES

- 500 g de brumetes ou tulipas de frango (mas pode ser o corte que achar melhor. Prefira pedaços pequenos).
- 2 dentes de alho, amassadinhos ou picados
- Suco de 1 limão
- Raspas de laranja
- 1 colher de sopa de azeite (para a marinada)
- 1 colher de azeite (para refogar)
- 2 colheres de sopa bem cheias de açúcar
- Sal a gosto

MODO DE PREPARO – MARINADA

1. Em um saco culinário prepare a marinada: azeite, limão, alho, sal, raspas de laranja. Prove a marinada antes de colocar o frango, para corrigir o sal.
2. Coloque os pedacinhos de frango e deixe marinar no saco fechado por no mínimo duas horas. Se conseguir deixar de um dia para o outro, melhor.

MODO DE PREPARO – FRANGO E REFOGADA DO CARAMELO

1. Em uma panela grande, refogue o frango para que cozinhe bem, junto com o líquido da marinada. É possível fazer esse cozimento também no micro-ondas. Se não tiver preconceito com o cozimento no aparelho, mande bala em uma travessa de vidro, colocando o frango com o líquido da marinada.

2. Depois de cozido e ainda com a cor branquinha — não é preciso fritar até dourar — reserve o frango.

3. Em outra panela grande, comece o processo do caramelo: uma colher de azeite e as duas colheres de açúcar em fogo baixo.

4. Quando a mistura atingir o ponto de caramelo (igualzinho à calda de pudim, mesmo), jogue ali o frango cozido, incluindo o líquido da marinada, e deixe secar — sempre mexendo, para espalhar o caramelo.

5. A cor do caramelo vai depender do ponto que você preferir: mais âmbar, mais escuro, mais claro, depende do seu gosto. Para que o caramelo não fique tão grudento enquanto se mistura ao frango, acrescente caldo de legumes ou de frango, aos poucos.

6. Salpique salsinha e sirva com quiabo.

> ***NOTA:**
>
> A vantagem de fazer o cozimento do frango antes é que a "refogada do caramelo" fica uma etapa muito mais fácil de fazer, uma vez que não precisamos nos preocupar se o frango está cozido ou não.

Cogumelos Bourguignon

INGREDIENTES

- 50 ml de azeite
- 200 g de cebola roxa picada
- 4 dentes de alho
- 240 g de cebolinha baby descascada
- 400 g de cenoura em cubos
- 120 g de alho-poró fatiado
- 600 g de cogumelo Paris
- 130 g de extrato de tomate
- 240 ml de vinho tinto
- 500 ml de caldo de legumes
- 70 g de ricota defumada ou provolone
- 1 colher de sopa de molho de soja
- Sal, pimenta do reino e noz moscada a gosto

MODO DE PREPARO

1. Aqueça uma panela grande no fogo. Adicione o azeite e em seguida a cebola roxa e o alho. Refogue um pouco.
2. Acrescente os cogumelos e mexa de vez em quando. Eles vão soltar água e depois secar. Deixe que cozinhem bem até começar a grudar no fundo da panela.
3. Adicione a cebola baby, a cenoura e o alho-poró. Refogue mais um pouco.
4. Junte o extrato de tomate, o caldo, a ricota defumada e o molho de soja. Tempere com sal, pimenta e noz moscada. Deixe cozinhar em panela parcialmente tampada, mexendo de vez em quando por aproximadamente 30 minutos.
5. Adicione o vinho somente no final (nos últimos minutinhos do cozimento).

Feijoada da Jay

INGREDIENTES

- 300 g de feijão preto
- 200 g de bacon
- 200 g de calabresa
- 350 g de costelinha suína ou pernil suíno
- 100 g de panceta
- Suco de 2 limões
- Alho amassado (a gosto)
- Folhas de louro (a gosto)
- Sal a gosto
- Azeite

MODO DE PREPARO

Antes de tudo, uma imagem de São Jorge e uma vela acesa, bem posicionada, na cozinha, para a receita ficar perfeita.

Esta receita tem três etapas de preparo. Costumo sempre fazer um dia antes de servir, para incorporar bem os sabores na feijuca.

ETAPA 1 – FEIJÃO

1. Coloque o feijão preto de molho em água quente com um pouco de vinagre por duas horas.
2. Depois disso, leve para cozinhar na panela de pressão com ervas de sua preferência e as folhas de louro.
3. Enquanto o feijão cozinha, misture o suco de limão, 1 colher de azeite, um pouco de alho e sal para marinar o pernil suíno ou a costelinha e a panceta.

4. Coloque tudo em um saco culinário e deixe descansar por duas horas pelo menos.

ETAPA 2 – CARNES

1. Você vai fritar uma carne de cada vez. Em uma frigideira grande ou panela grande, frite o bacon sozinho. Reserve toda a gordura que se desprender dele. Reserve o bacon frito.

2. Depois, use a mesma frigideira "sujinha" de bacon para fritar a calabresa. Reserve a calabresa depois de frita e também reserve a gordura que se desprender da carne.

3. Na mesma panela — ou outra, se preferir — coloque uma colher de azeite, alho picadinho (ou o tempero tradicional da sua família) e comece a refogar as carnes (pernil — ou a costelinha — junto com a panceta).

4. Refogue bem, use mais limão na hora de refogar e coloque um pouco de água para ir cozinhando bem. Só corrija o sal quando a carne estiver bem cozida, ok? Nunca se a carne estiver crua.

5. Depois de a água secar, refogue bem até que a gordura caramelize e a carne fique douradinha. Reserve.

ETAPA 3 – FEIJOADA, ENFIM

1. Com todos os ingredientes já preparados, vem a melhor hora. Juntar tudo num panelão. Em um caldeirão — grande o suficiente para caber todas as carnes —, coloque uma colher de azeite e uma colher cheia de alho (ou seu tempero de família) para refogar tudo.

2. Despeje aos poucos todas as carnes ali, já fritas, incorpore todas rapidamente e vá colocando o feijão já cozido aos poucos. Vá colocando líquidos se achar necessário.

3. Deixe apurar em fogo baixo.

4. Essa hora de incorporar os sabores é a mais importante. Enquanto o caldo engrossa vá provando o caldo e corrigindo o sal ou o tempero. É nessa etapa que o sabor perfeito vai se apresentar.

5. Costumo fazer por volta das 16h do dia anterior para que por volta das 19h a feijoada esteja pronta e fique descansando a noite toda para servir no dia seguinte, ao meio-dia.

NOTA IMPORTANTE:

Só abra uma cerveja para acompanhar o processo na etapa 3. Afinal, o cozinheiro merece.

ACOMPANHAMENTOS

» Arroz branco

» Couve picadinha com alho

» Farofa de pão e farinha de milho

» Vinagrete

Bolinho de quiabo

INGREDIENTES

- ½ xícara de farinha de trigo
- ½ xícara de farinha de milho amarela
- 1 colher de sobremesa de fermento químico
- 10 quiabos picados em rodelas
- Água para dar o ponto (½ xícara basta)
- 1 cebola roxa picadinha
- Cebolinha picadinha
- 2 ovos
- Sal

MODO DE PREPARO

1. Em uma vasilha, misture os ingredientes secos primeiro.
2. Na sequência, coloque os ingredientes restantes e a água por último. Vá incorporando-a aos poucos para dar o ponto certo.
3. Ao adquirir uma pasta firme, use uma colher para medir o tamanho do bolinho.
4. Frite em óleo quente (180 °C) até dourar.
5. Use um papel toalha para escorrer a gordura.

Escondidinho de costela bovina com purê de batatas e cream cheese

INGREDIENTES

- ½ quilo de costela bovina já cozida, temperada e desfiada (pode usar a panela de pressão)
- 4 batatas inglesas médias
- 1 colher (sopa) generosa de manteiga
- 1 caixinha ou lata de creme de leite
- Alho amassado
- Cream cheese em bisnaga, para facilitar o uso
- 1 vidro de pimenta biquinho em conserva
- Sal a gosto
- Cebolinha a gosto.

MODO DE PREPARO – COSTELA

1. Em uma panela de pressão, coloque a costela bovina em pedaços limpos e refoque com alho e cebola. Deixe na pressão até a carne se soltar dos pedaços de gordura e ficar bem macia. Você vai notar que dará para desfiar somente com um garfo, sem grandes dificuldades. Reserve.

2. Deixe esfriar um pouco e incorpore as pimentas biquinhos já escorridas*. Coloque também a cebolinha picada e misture levemente.

| MODO DE PREPARO – PURÊ

1. Corte as batatas em pedaços grandes e coloque para cozinhar em água e sal. Quando estiverem bem cozidas, retire da água e comece a amassar.
2. Em uma panela separada, coloque uma colher de azeite com um pouco de tempero da sua preferência (alho ou o temperinho de família) e tempere o purê.
3. Acrescente uma generosa colher de manteiga e o creme de leite.
4. Retire do fogo e reserve.

| MONTAGEM

Use ramequins individuais para fazer as montagens. Facilita na hora de servir. Coloque, em cada ramequim, uma camada de purê, uma camada generosa de carne e cubra com uma camada de cream cheese. Cubra com purê e coloque no topo um pouco de cream cheese para decorar + uma pimenta biquinho. Leve ao forno para gratinar.

*NOTA:

Guarde o líquido da pimenta biquinho para usar em saladas e finalizações de outros picles caseiros.

Bolo de banana da Néia

INGREDIENTES

- 3 bananas
- 3 ovos
- 1 xícara de óleo
- 1 colher de sopa de mel
- 2 xícaras de farinha de rosca
- 1 xícara de aveia
- 2 xícaras de açúcar
- 1 colher de chá de canela em pó
- 1 colher de chá de fermento em pó

MODO DE PREPARO

1. No liquidificador, bata os ovos, banana, óleo e o mel.
2. Numa vasilha misture os secos e vá, com uma colher, misturando os líquidos.
3. Unte a assadeira com óleo e farinha de rosca.
4. Assar entre 25 e 35 minutos dependendo do forno.

Risotão de frango

INGREDIENTES

- 1 peito de frango cozido e desfiado
- Pedaços de frango já refogados separadamente
- 1 cebola branca picada
- 4 dentes de alho picadinhos
- 2 tomates picados
- 1 cenoura grande picada
- 2 xícaras de chá de arroz cru
- 5 xícaras de chá de caldo de galinha (use o caldo usado para cozinhar o peito de frango)
- 1 lata de molho de tomate pronto
- Salsinha e cebolinha picados

MODO DE PREPARO

1. Em uma panela grande, refogue o arroz com azeite, alho, cebola, tomate e cenoura. Acrescente o frango desfiado.
2. Numa panela grande refogue o alho e a cebola no azeite.
3. Junte o tomate, o salsão e a cenoura.
4. Acrescente o frango desfiado, o molho e o caldo de galinha.
5. Ajuste o sal.
6. Quando estiver cozido, mexa o arroz na panela para não grudar no fundo e acrescente a salsinha e cebolinha. Misture levemente.

7. Você pode acrescentar um pouco de queijo parmesão ralado nesta etapa.

8. Tire do fogo e incorpore os demais pedaços de frango já refogados. Essa última parte é opcional, assim você pode incorporar outras partes favoritas do frango (asinha, coxas, sobrecoxas etc.).

Referências Bibliográficas

LIVROS:

CHILD, Julia; BECK, Simone; BERTHOLLE, Louisette. *Mastering the Art of French Cooking*. New York: Knopf Publishing Group, 1961.

CROCKER, Betty. *Betty Crocker's Baking Classics*. New York: Random House, 1979.

DAVIDSON, Alan. *The Penguin Companion to Food*. London: Penguin UK, 2002.

ESCOFFIER, Auguste. *The Escoffier Cookbook: And Guide to the Fine Art of Cookery for Connoisseurs, Chefs, Epicures*. New York: Clarkson Potter Publishers, 1941.

FARMER, Fannie. *The Boston Cooking-School Cook Book (1896)*. New York: Skyhorse Publishing, 2011.

FLANDRIN, Jean-Louis; MONTANARI, Massimo. *História da Alimentação*. São Paulo: Estação Liberdade, 1998.

MARIANI, John F. *The Encyclopedia of American Food and Drink: With Over Than 500 Recipes for American Classics*. New York: Bloomsbury USA, 1999.

NEVES, Guilherme Santos. Torta Capixaba. Vitória: Editora Ancora, 1962.

SPOTTI, Carla Bertinelli; SARONNI, Ambrogio. *La mostarda di Cremona*. Reggio Emilia: Editora Wingsbert House, 2015.

ARTIGOS CIENTÍFICOS:

FIORE, Gabriela; FONSECA, Amelia L.N. A influência da religião no hábito alimentar de seus adeptos. Disponível em: http://www.unilago.edu.br/revista/edicaoatual/Sumario/2014/downloads/4.pdf. Acessado em: 05 maio 2018.

NADALINI, A. P. O nosso missal é um grande cardápio: Candomblé e Alimentação em Curitiba. *Revista Angelus Novus*, [S. l.], n. 3, p. 310-322, 2012. DOI: 10.11606/ran.v0i3.98994. Disponível em: https://www.revistas.usp.br/ran/article/view/98994. Acessado em: 14 dez. 2020.

SOARES, Carmen; MACEDO, Irene Coutinho. Representações Sociais, Histórica e Cultural da Canja de Galinha: estudo de Fontes Históricas e de Fontes Orais de uma população de idosos. *DEMETRA: Alimentação, Nutrição & Saúde*, [S.l.], v. 11, n. 1, p. 27-46, fev. 2016. ISSN 2238-913X. Disponível em: https://www.e-publicacoes.uerj.br/index.php/demetra/article/view/16717. Acessado em: 20 dez. 2022.

SITES:

AGRO 2.0. Quiabo é planta de origem africana e traz vários benefícios para a saúde. Disponível em: https://agro20.com.br/quiabo/. Acessado em: 12 dez. 2019.

CARAMEL AU BEURRE SALE. Disponível em: www.caramelaubeurresale.net. Acessado em: 09 set. 2019.

CBN VITÓRIA. História da torta capixaba: surgimento do preparo à degustação na Semana Santa. Disponível em: https://www.cbnvitoria.com.br/reportagens/historia-da-torta-capixaba--surgimento-do-preparo-a-degustacao-na-semana-santa-0415. Acessado em: 13 abr. 2019.

CHEFACHEF. Aspectos nutricionais e gastronômicos das comidas dos orixás oriundas do Candomblé Jeje-Nagô. Disponível em: https://chefachef.com.br/2020/05/16/cozinha-brasileira-cozinha-baiana-e-comida-de-santo-com-rodrigo-fajoli-e-rosilene-campolina-una-gastronomia. Acessado em: 12 jun. 2020.

EL PAÍS. O misterioso silêncio dos 15 milhões de brasileiros de sangue espanhol. Disponível em: https://brasil.elpais.com/brasil/2014/06/04/opinion/1401910096_876304.html. Acessado em: 22 set. 2019.

GIALLO ZAFFERANO. La Ricetta di Mostarda di Cremona. Disponível em: https://ricette.giallozafferano.it/Mostarda--di-Cremona.html. Acessado em: 20 set. 2019.

GOTAS DE LEITE. Disponível em: www.gotasdeleite.com.br. Acessado em: 12 mar. 2009.

GRAND LODGE OF BRITISH COLUMBIA AND YUKON. The Brownies. Disponível em: http://freemasonry.bcy.ca/brownies/brownies.html. Acessado em: 25 jan.2021.

LA PROVINCIA – CREMONA. Un concentrato di 'archeologia alimentare': la mostarda. Disponível em: https://www.laprovinciacr.it/news/a-tavola/183155/la-mostarda.html. Acessado em: 10 ago. 2019.

MATURIDADES. A sapientíssima. Disponível em: https://www5.pucsp.br/maturidades/sabor_saber/asapientissima_43.html. Acessado em: 22 out. 2019.

MORRO DO MORENO. A origem da Torta Capixaba no ES. Disponível em: http://www.morrodomoreno.com.br/materias/a-origem-da-torta-capixaba-no-es.html. Acessado em: 17 abr. 2019.

O ESTADO DE S.PAULO. Mostarda de Cremona (Paladar Estadão). Disponível em: https://www.estadao.com.br/noticias/geral,mostarda-de-cremona,66496. Acessado em: 10 ago. 2019.

SONOMA BLOG. A doce mostarda de Cremona. Disponível em: https://blog.sonoma.com.br/a-doce-mostarda-de-cremona/. Acessado em: 10 ago. 2019.

TEMOS COMIDA. Brownies. Disponível em: https://temoscomida.wordpress.com/2011/08/25/brownies. Acessado em: 20 jul. 2013.

Esta obra foi composta em Baskerville 12 pt e impressa em papel Offset 120 g/m² pela gráfica Meta.